Ulrike Martin

Glaubenssatz – Erfolgszerstörer

oder Lebenssprit?

Die Deutsche Bibliothek – CIP Einheitsaufnahme
Ulrike Martin
Glaubenssatz – Erfolgszerstörer oder Lebenssprit?

MontAurum Verlag
Dr. Stephanie Bergold, Bremen
www.montaurum.de
info@montaurum.de
Verlagsnummer: 3-937729

2. Auflage, August 2011

Satz: Textfeder GbR
www.textfeder.de

Umschlaggestaltung & Druck:
Quickprinter
Made in Germany

Foto: „Nordseeinsel Juist" von Ulrike Martin

ISBN 978-3-937729-34-3

Hinweis in eigener Sache: Der besseren Lesbarkeit we-
gen wird in diesem Buch die männliche Schreibweise
verwendet. Selbstverständlich sind immer beide Ge-
schlechter gemeint.

Inhaltsverzeichnis

Vorwort von Boris Grundl

Als ich „Glaubenssatz – Erfolgszerstörer oder Lebenssprit" zum ersten Mal in den Händen hielt, war ich überrascht und sehr angetan. Warum? Die Bücherregale zu „Glaubenssätzen" sind übervoll, wobei die meisten der Werke komplizierte Schmöker sind. Sie kommen vom Hundertsten ins Tausendste, aber nicht wirklich zum Punkt.

Ulrike Martin findet den Schlüssel, das Thema trotz seiner Komplexität einfach und im Gehalt tiefgründig darzustellen. Man spürt, sie schreibt aus dem Herzen und auf dem Nährboden von Erfahrungen und Gedanken, für die man schon einiges erlebt haben muss.

Ein Glaubenssatz kann beides sein: Fluch oder Segen. Glaubenssätze sind tiefe innere Bilder über die Welt und uns selbst. Innere Bilder, die sehr mächtig sind: Halte ich mich für klein, werde ich gebückt durchs Leben gehen, und andere werden mich als klein wahrnehmen und ebenso behandeln. Das Gleiche gilt auch umgekehrt. Wenn ich den Lebenskuchen für groß halte, lebe ich ganz entspannt und bin innerlich nicht gezwungen, mein Leben von Raffgier getrieben zu verbringen.

Wenn ich wissen möchte, was ich wirklich glaube, so muss ich mir nur die Ergebnisse ansehen, die ich bisher in meinem Leben erzielt habe. Ob Gesundheit, Bezie-

1

hung oder Beruf. Ich bin nicht das, was ich sage, sondern das, was ich durch meine Wirkung in meinem Leben ausdrücke. Meine Ergebnisse zeigen, wer ich bin. Möchte ich daran etwas ändern, dann geht das nur dadurch, dass ich meine Glaubenssätze ändere.

Aber zuerst muss ich mich erkennen. Wenn ich meine Prägungen durch das Elternhaus, die Schule und die Gesellschaft wahrhaft erkenne, kann ich mich von Hemmendem emanzipieren und ein selbstbestimmtes, freies Leben führen.

„Glaubenssatz – Erfolgszerstörer oder Lebenssprit" ist eine kurze, sehr überzeugende Fibel aus dem Leben für das Leben, die sich auf die Praxis konzentriert und deren Autorin mit beiden Beinen fest im Leben steht.

Ich wünsche jedem Leser von Herzen, dass er maximal von diesem Buch profitiert.

Ihr Boris Grundl

Liebe Leserin, lieber Leser!

Wissenschaftler in Afrika machten einmal ein Experiment mit einem Elefantenbaby. Sie haben dieses Tier mit schweren Eisenketten an einem Bein angebunden, sodass es nur einen kleinen Radius hatte, in dem es sich bewegen konnte. Nach drei Jahren nahm man die Fesseln weg. Alle Ermunterungen halfen nichts – das Tier blieb an seinem Platz und bewegte sich auch die nächsten Jahre nur in dem kleinen Radius, den es gewohnt war.

Eine traurige Geschichte – denken jetzt vielleicht einige von uns.

Wir empfinden diese Geschichte als traurig, weil sie unsere eigene Geschichte ist.

Gefangen, gefesselt in Verstrickungen, in Anschauungen, in alten Überzeugungen, die noch nicht einmal unsere eigenen sind, leben wir unser mehr oder weniger erfülltes Leben! Es sind die Überzeugung unserer Eltern und deren Eltern, unserer Lehrer und deren Lehrer, deren Generationen davor und der verschiedenen Kulturen, mit denen sie und wir aufgewachsen sind, wir haben sie verinnerlicht und glauben mit der Zeit, es seien unsere eigenen Wahrheiten. Ich werde später aufzeigen, was ich unter den wirklichen, echten, bewussten und gereiften Überzeugungen verstehe, und vor allem, wie sie sich anfühlen.

Der Buchmarkt quillt über von Selbsthilfematerial zu den Schlagworten wie „innere Freiheit … glücklich sein … mach dich leer … du musst nur dies tun und das andere lassen … glaub einfach an dich … glaub an deine inneren Kräfte … lass das Alte hinter dir … ersetze einfach die negativen durch positive Gedanken …" usw.

Die NLP-Szene ist voll davon und viele Autoren erteilen klugen Rat. Alles gut, alles richtig und interessant. Aber sind wir ehrlich: Was hat uns das alles persönlich wirklich gebracht? Hat es uns weitergeholfen auf dem Weg zu dem Erfolg, den wir für uns einstmals erträumten? Nein. Sobald das „gute" Buch gelesen ist, wandert es ins Regal und wir zurück zu unseren alltäglichen und gewohnten Denkschemen.

Auch dieses Büchlein wird nichts bringen. Die Vorschläge, obwohl sie alle in der Praxis über Jahrzehnte erprobt und erlebt wurden, die Herzen beglückten und befreiten und sogar kurzfristig wirklich zu mehr „innerer Freiheit" und dadurch zu einem Kleinerfolg oder Kleinziel führten, auch diese Hilfen sind nur Theorie, solange wir sie nicht täglich wirklich üben und praktizieren. Möglichst mit einer Führung durch einen Menschen, der Sie mag und der Interesse an IHRER persönlichen Entwicklung und an Ihrem Erfolg hat. Oder den Sie bezahlen.

Aus Büchern können wir nichts lernen. No way! Aus Büchern gewinnen wir allerhöchstens ein paar Erkenntnisse und Aha-Erlebnisse, lernen Theorien und Erdkunde, vielleicht auch einen guten Schreibstil, aber sonst gar nichts. Damit meine ich nicht, dass unser Intellekt und scharfer Verstand nicht ausreichen würden, sondern ich sage nur, dass sich dadurch keine wirkliche persönliche Veränderung oder eine psychische Wandlung vollziehen kann. Der Mensch lernt nur durch selbst gemachte Erfahrungen und eigene Erlebnisse, durch die Gefühle und die Emotionen, die sich in diesen Momenten der Selbsterfahrung zeigen. Dazu empfehle ich Ihnen später ein paar Übungen, die natürlich auch nur dann einen nachhaltigen Sinn ergeben, wenn man sie – sorry: täglich! – wirklich! übt!

Meine Ausführungen erheben keinen Anspruch darauf, psychologische, therapeutische, christliche, spirituelle oder gar wissenschaftliche Ansätze oder Lösungen zu sein, auch nicht auf literarische oder schriftstellerische Ambitionen. Noch weniger bedeuten mir tiefgründige Spitzfindigkeiten oder intellektuelle Auswüchse. Und es bleiben die Themen hier eher skizziert und unvollständig. Ich möchte Ihnen einfach nur erzählen, wie ich für mich und die Menschen in meinem beruflichen Umfeld eine Möglichkeit praktiziere, den unreflektierten Glaubenssystemen in uns zu begegnen. Es ist gelebtes Wissen, das ich in meinen Seminaren und Workshops vertiefen durfte, es sind meine eigenen Erfahrungen, die im

Laufe der Zeit mit meinen Gesprächs- und Seminarpartnern entstanden sind.

Ihnen danke ich von Herzen für den Reichtum, den Sie mir offenbart haben. Einmal für den Reichtum an zahllosen, verschiedensten Glaubenssätzen, manchmal von schlimmster und schockierendster Sorte. Genauso danke ich aber auch dafür, dass sehr viele von Ihnen es trotz dieser mentalen Hindernisse geschafft haben, eben doch Erfolg im Beruf zu genießen, Ihr Privatleben zu ordnen oder Ihre körperliche und mentale Gesundheit zu stabilisieren. Ich habe hohe Anerkennung für Sie alle, denn Sie haben sich geöffnet und stellten sich mit großem Mut Ihren hinderlichen Paradigmen.

Viele Menschen fragen sich: „Warum hat sich mein Leben trotz meiner täglichen tausendfachen Affirmationen, trotz meiner häufigen Chakrenreinigung und Klangschalenmassagen immer noch nicht verändert? Die sollten mich doch von meinen Blockaden befreien? ... Authentisches Qigong, ein so teurer Kurs! Sie haben versprochen, danach sei ich geheilt! ... Und ich hab doch immer brav meine Ziele programmiert – warum klappt das denn nicht!!! ... Ich füüüüüüüüüüüühle doch so doll, nichts hat es genützt! ..."

Meine Ideen zum Thema Umwandlung unserer unbewussten und erfolgsverhindernden Interpretationen setzen Bereitschaft und Aktivität voraus. Es ist nicht möglich, dass Klangschalen und andere schöne Dinge von außen unser inneres Erbe verändern oder gar heilen können, das muss ich schon selbst tun – und zwar aktiv und bewusst.

Was ist ein Glaubenssatz?

Ein Glaubenssatz ist ein altes, lange Jahre von uns transportiertes Denkmuster, eine Botschaft, die als unumstößliche Wahrheit angesehen wird, die – und so erlebe ich mein Umfeld – bis ins Mark getroffen und sich in das menschliche Wertesystem abgelegt hat. Sie stellt die Essenz meines persönlichen Kerns dar und wirkt von der Wurzel meines Unterbewusstseins aus, sozusagen als Atom von Körper, Geist und Seele.

Aus meiner Arbeit mit Führungskräften aus verschiedensten Unternehmen und auch von mir selbst kenne ich Glaubenssätze hauptsächlich als Gift, als Verletzungen, als Stachel, als seelischen Schmerz und psychisches Leid, sozusagen als Stolpersteine, die hindern, verhindern und stören.

Ein Glaubenssatz lässt uns lächerlich und größenwahnsinnig vorkommen, schuldig, unsicher und wertlos, er bewirkt Begrenzungen, Ängste und Vorbehalte in wahrscheinlich allen Lebensbereichen. Das Gegenteil davon ist: Vertrauen, Optimismus, Spaß und Freude, Lebensbejahung, Zuversicht, Hoffnung, Gleichmut. Und der Grundsatz ist: Leben darf leicht sein.

Auch Vorurteile sind Glaubenssätze. „Braucht man nicht ... kenn ich schon ... das ist nichts für mich ..." usw., alles ungeprüft nach dem Motto „Urteil vor Kenntnis" gesprochen.

Ein Beispiel: Vor kurzem lud ich einen Freund zu einem Vortrag ein. Ich wusste, dass der Referent mit meiner Lieblingsmischung aufwartet: sinnvolles, modernes Wissen, gelebte Weisheit und all das gewürzt mit interessantem Humor und tiefgründigem Witz. Mein Freund kannte ihn nicht, „wusste" aber: „Das ist doch bestimmt wieder so eine Motivatiooonsveranstaltung!"

Urteil vor Kenntnis. Schade.

Wichtig ist zu erkennen: Was möchte ICH, wie denke ICH, wie handle ICH, wie lebe ICH?

Und hier seinen Gleichmut, seine Natürlichkeit, seinen gesunden Grundwert und Lebenswert zu entwickeln – darum geht es für mich in diesem Büchlein.

Übrigens ist jeder Satz, egal wo geschrieben, ein Glaubenssatz. Jeder Gedanke, den wir denken oder sprechen, ist ein Glaubenssatz. Theoretisch können wir jede Aussage drehen und wenden, wie wir wollen und jeder Mensch kann sie aufgrund seiner eigenen, persönlichen und individuellen Geschichte komplett anders verstehen und interpretieren. Ein jeder schaut durch seine Brille und durch seinen eigenen Filter.

Für wen könnten diese Hilfen nützlich sein?

Für Menschen in exponierten Positionen, für Selbstständige, Unternehmer, Führungskräfte, für den Konzertmeister, die Solobläser und alle ersten Stellen in einem Orchester, für Sänger, die aus der Provinz heraus an große Bühnen streben, für Existenzgründer und Networker, für Eltern und Großeltern, für alle, die bisher ihre Ziele nicht erreichten und die sich „irgendwie" nicht gut fühlen, sei es nun im Job oder im privaten Leben.

Wie kam es zu diesem Buch?

Aufgrund meiner früheren Tätigkeit als Sängerin und Gesangspädagogin einerseits und der heutigen Arbeit mit Führungskräften andererseits habe ich erkannt, dass das Hauptproblem zu hundert Prozent der fehlende Glaube an sich selbst, das mangelnde Selbstbewusstsein ist. Stagnation geschieht nicht, weil die Wirtschaft mal wieder Flaute hat oder das schlechte Wetter die Käufer abhält. Stagnation interpretiere ich als eine Einladung, vielleicht mehr Leichtigkeit, Gelassenheit und Gleichmut in mein Leben hinein zu lassen oder nach mehr Fleiß, Disziplin und Arbeitseifer zu streben. Hier bedarf es des Innehaltens und der Überprüfung, um dies herauszufinden.

Das Buch entstand auch aus dem Grund, weil ich seit vielen Jahren beobachte, wie wenig die Menschen physisch und psychisch belastbar sind. Sie haben zu viel

Angst – vor wem, vor was? Diese diffusen Gefühle von Angst haben mich interessiert und mich auf die Spur der zahllosen negativ wirkenden Glaubenssätze gebracht.

Dazu meine eigene Geschichte:

Ich behaupte ja, dass das professionelles Singen auf der Opernbühne und dem Konzertpodium das Leichteste von der ganzen Welt ist, jedenfalls deutlich müheloser als das freie Reden. Finden Sie das auch? Natürlich werden die meisten von Ihnen jetzt mit Nein antworten. Was ich damit sagen möchte, ist, dass all die Fähigkeiten, die ich einmal gründlich erlernt habe und die ich wirklich beherrsche, mit denen ich Erfolge hatte und aufgrund derer ich dauerhaft und nachhaltig Bestätigung und Anerkennung erfahren habe, mir ein Gefühl von Sicherheit und Stabilität geben. Das Sprechen bzw. die freie Rede habe ich dagegen nicht wirklich gelernt und so stehe ich während meiner Rede ratlos herum und fühle mich mutterseelenallein und eingeschüchtert. Mein Instrument „Singstimme" ließ mich eine starke und große Königin sein, deren Ausstrahlung mein Publikum verzauberte. Beim Sprechen leide ich, es versagt mir die Stimme, meine Ausstrahlung ist die einer kleinen grauen Maus, die nichts anderes im Kopf hat als: schnell ins Mauseloch!

Ich gestehe meinen Glaubenssatz zu diesem Thema, der heißt: „Du hast gar nichts zu sagen ... du bist unscheinbar ... du bist ein kleines dummes Mädchen ... kein Mensch will dich hören ... du gehörst an den Katzentisch und Kinder reden nur, wenn sie gefragt werden ... ist sowieso alles falsch, was du sagst, also halt deinen Mund!"

Wenn ich heute eine freie Rede halten soll, versetzt mich dieser Auftrag in einen Albtraum, ich fühle mich unsicher, unruhig, spiele mit den Ringen an meinen Fingern und spreche viel zu leise. Darüber wundern sich meine jetzigen Kollegen und sagen: „Mensch, du bist doch die Bühne gewöhnt und hast so eine kräftige Stimme!" Merken Sie was? Es liegt eben nicht daran! Es liegt an meinen Glaubenssätzen, wie ich sie aus der Kindheit kenne, ihre Wirkung lässt mich also in diesem Punkt, an dem ich noch keine Erfahrungen, keine Erfolge und keine Sicherheit habe, unfrei, gehemmt und wackelig fühlen.

In diesen Momenten der Unsicherheit, der Ängste und Selbstzweifel lassen wir unsere Glaubenssätze die Macht über uns übernehmen. Sie zerstören dann unsere Sehnsüchte nach Erfolg und Anerkennung und zeigen uns unsere Verwundbarkeit, kurz: Sie wirken als Erfolgszerstörer. Später werden wir sehen, dass sie die Erreichung unserer Ziele ermöglichen, wenn wir sie bearbeitet und gewandelt haben. Dann wirken sie als

Treibstoff und Rückenwind in eine bisher nicht gekannte innere Freiheit und Gelassenheit, eben als Lebenssprit.

Die Kehrseite dieser Medaille zeigt sich im lächerlichen Größenwahn: „Ich bin die Tollste ... die Schönste ... die Schnellste ... die Fleißigste ... die Erfolgreichste, ist doch völlig klar! ..." Menschen, die so stark nach Anerkennung heischen müssen, die es so nötig haben, ständig im Mittelpunkt zu stehen, und in dieser übertriebenen Weise permanent die vermeintliche Wertschätzung einfordern, sind nicht nur anstrengend, sondern in ihnen wirken die absolut gleichen Konditionierungen: „Du bist eine Null ... dein Vater ist tausendmal besser als du ... du musst nicht immer das letzte Wort haben ... du hast sowieso nicht recht ..."

Auch wenn Künstler in der Regel ganz normale und liebe Menschen sind, gibt es diese Sorte der Künstler, wie gerade beschrieben, ziemlich häufig in dieser Szene. Die exzentrischen Diven sterben zwar aus, einige verbliebene aber lehrten mich, meinen Schatten anzuschauen: Sie rauschten zu spät in die Probe, kamen z. T. unvorbereitet oder prahlten lautstark mit ihren Erfolgen: „Ich war der Größte ... der Beste ... bekam den längsten Applaus ..." usw. Ein Star krittelt auch gerne an allem herum oder provoziert das eine oder andere Skandälchen. Damals konnte ich darüber nicht lächeln, ich verkörperte das Gegenteil: arbeitsam, preußisch diszipliniert, eher verhalten und diskret. Ich denke nach wie vor, dass dies im Grunde auch sinnvolle Werte sind, mein Motor damals aber war Angst. Der Glaubenssatz dahinter hieß: „Du bist einfach nicht so wichtig wie die Berühmten ... du bist klein ... du kannst eben nichts, hab ich doch schon immer gesagt ... du kommst vom Lande und die Großen jetten in der Welt herum ... verstecke dich besser, sonst fällst du noch unangenehm auf ... gegen die bist du doch nur ein Schatten ..."

Heute sind diese Ohnmachtsgefühle zum Glück verschwunden, außer bei der freien Rede. Heute weiß ich, dass auch diese Menschen nur mit Wasser kochen, und wenn Sie sich die Großen, Schönen, Reichen, Stars und Sternchen bzw. den auffälligen Kollegen oder profilneurotischen Chef einmal im Schlafanzug vorstellen, sehen sie aus wie du und ich. Heute bewundere ich neidlos die wirklich großartigen Erfolge meiner ehemaligen Kollegen und weiß, dass sie Höchstleistungen bringen unter meistens sehr widrigen Umständen. Heute durchblicke ich ihre exaltierten Verhaltensmuster und sehe dahinter die arme, einsame, entwurzelte Seele.

Auch im privaten Leben können sich solche Konditionierungen selbstverständlich bemerkbar machen, ganz besonders in den emotionalen Beziehungen wie Partnerschaft und Elternschaft. Wenn sich einer der beiden Partner unterlegen fühlt und eher sanftmütig unterwegs ist, der andere vielleicht dominant und dazu unsensibel auftritt – es ist gleichgültig, welche Modelle wir anschauen, immer stoßen wir auf unsere alten Programmierungen und übel wirkenden Denk-, Reaktions- und Handlungsmuster.

Es ist nicht Sinn des Buches, diese Beziehungsthemen zu vertiefen, daher möchte ich nur noch kurz den Gegenpol darstellen. Der positive Gegenpol heißt hier: „Junge, du bist einfach klasse ... du lernst das jetzt und wirst es super machen ... du hast dich wirklich unglaublich entwickelt ... du bist so ein schönes Kind ... wir halten immer zusammen ... deine Entscheidung wird richtig sein ... ich vertraue dir ... ich mute dir diese Herausforderung zu ... du bist stark ... du schaffst das ...“

Menschen, die mit solchen vertrauenden Glaubenssätzen aufgewachsen sind, leben ausgeglichen, sie haben im Allgemeinen eine besondere und ruhige Ausstrahlung, sie müssen nichts beweisen, sie lassen geschehen, sie setzen einen Schritt nach dem anderen, vielleicht sind sie nach der gängigen Meinung erfolgreich, vielleicht auch nicht. Es ist ihnen nicht wichtig, wie andere Menschen über sie denken. Im Großen und Ganzen lieben sie ihr Leben und sind einverstanden mit ihm, und wenn nicht, dann stehen sie auf und tun, was zu tun ist. Sie machen keine großen Worte, sie tun einfach, sie sind, sie wirken. Punkt. Unprätentiös und schlicht, ruhig und effektiv, beziehungswillig und -fähig, zuverlässig und entscheidungsfreudig, durchsetzungsstark und stabil, authentisch und gradlinig, äußerst angenehm und sympathisch.

Wie bemerke ich einen Glaubenssatz?

Ich bemerke ihn nicht wirklich konkret. Was ich aber spüre, ist seine Wirkung. Man kann ihn erkennen z. B. bei Menschen, die glauben, sich dauernd verteidigen oder rechtfertigen zu müssen. Sie beginnen ihre Sätze dann mit „wenn ... aber ... weil ..." Beobachten Sie einmal Ihre Umwelt und bitte auch sich selbst!

Genauso erkenne ich einen Glaubenssatz daran, dass ich im Widerstand bin mit einer Situation oder mit anderen Personen bzw. wenn ich im Widerstand bin mit meinem eigenen Gefühl. Wenn mich etwas stört – und es mich dann auch noch stört, dass es mich stört.

Ist das hilfreich? Natürlich nicht. Wenn auch sicherlich wohltuend, wenn die Wut sich mal wieder entladen darf.

Auch an folgendem Phänomen erkenne ich ihn: Jemand sagt Ihnen, was und wie Sie bitte etwas tun sollten. Sie kommen sich plötzlich vor wie der letzte Idiot, vollkommen unfähig, zu nichts nutze und verspüren den starken Drang, sich sofort rechtfertigen und verteidigen zu müssen.

So erkenne ich die Wirkung eines Glaubenssatzes auch an meinen spontanen Reaktionen: Gehe ich vor Wut in die Luft, wenn mich jemand angreift oder schlucke ich das Zeug erstmal runter, lass mir nichts anmerken und kann in der Nacht vor Gram nicht schlafen? Oder aber verteidige ich mich, rechtfertige mein Verhalten und meine Einstellung – dann dürfen wir sicher sein, einem Glaubenssatz aufgesessen zu sein.

Auch erkenne ich einen Glaubenssatz dann, wenn ich um das Telefon herum schleiche, obwohl ich dringend jemanden anrufen sollte, wenn ich die Ausreden benutze: „Ach, heute läuft's nicht so richtig ... der ist eh nicht zu Hause ... es ist Sonntagabend, da kann man niemanden anrufen ... es ist Samstagvormittag, da ist der bestimmt einkaufen ..." Dann ist etwas Uraltes am Werk, das uns daran hindern will, einfach und leicht unseren Weg in Richtung Ziel zu marschieren.

„Wie spreche ich mit mir?" Diesen wichtigen Impuls setzte der Managementtrainer Boris Grundl auf einem seiner Seminare. Er ist existenziell für unsere Verhaltensmuster. „Unser Denken ist wie ein wilder Affe", schreibt Moritz Boerner. 60.000 Gedanken rattern da täglich durch unsere Gehirne und halten Selbstdialoge: „Ach, schon wieder daneben ... diese blöde Nuss ... Scheißwetter ... das Glas ist halb leer, ich hab's doch schon immer gesagt ... es ist doch völlig normal, dass man im Alter krank ist ... man sollte aber doch ... Jungs weinen nicht ... das schaff ich nie ... bestimmt versage ich wieder ... was sollen denn die Leute sagen ... ich bin und bleibe das hässliche Entlein ..." (Die Erfolgszerstörer!)

Oder spreche ich so mit mir: „Ich bin froh ... mir geht es so gut ... ich bin dankbar ... was habe ich für ein Glück gehabt ... das Glas ist halb voll ... wie hübsch die Krokusse sind dort drüben ... die Sonne scheint immer, manchmal halt nur über den Wolken ... die Natur braucht den Regen ..."? (Der Lebenssprit!)

Wir kennen Glaubenssätze in zwei Richtungen, in der negativen und in der positiven. Die Waagschale der negativen Glaubenssätze, nämlich der Erfolgszerstörer, hängt in der Regel deutlich tiefer als die der positiven, des Lebenssprits.

Lebenssprit bedeutet Antrieb, die Bewegung nach vorne. Bildlich gesprochen ist Sprit der Treibstoff des Autos, das uns in die richtige Richtung bringt. Sprit steht für Bewegung, den Rückenwind und den Anstoß, den es braucht, um aktiv zu werden.

Der Begriff steht für die Umwandlung der Erfolgszerstörer in den Schwung des Lebens, der uns freie Fahrt in die Freiheit ermöglicht, in die Bestärkung der neuen Situationen und in die Bestätigung unserer Persönlichkeit.

Da Gedanken chemische Reaktionen im Körper auslösen und dadurch äußerst macht- und kraftvoll unser gesamtes Zellsystem beeinflussen, sollten wir uns in dieser hohen Disziplin der Gedankenhygiene ernsthaft üben!

Wann wirkt ein Glaubenssatz?

Er wirkt beim Auftreten auf der Bühne, Künstler nennen es Lampenfieber, das nichts anderes ist als das im System verankerte „Du bist nicht gut genug!", wenn ich vorspielen will oder vorsingen soll, beim Präsentieren eines Projekts, beim Vortrag, er wirkt, wenn eine Ex geschrieben wird, in Prüfungen, wann immer wir gut sein wollen und überzeugen müssen, wenn ich eine Unterschrift rechts unten haben, wenn ich siegen möchte und gewinnen muss. Er ist gegenwärtig, wenn ich eine Entscheidung treffe bzw. getroffen habe und wenn es um meine Existenz geht.

Dann melden sie sich: „Bist du wahnsinnig, das schaffst du nie ... das geht schief ... du kannst doch sowieso nicht überzeugen, denn du bist eine Null ... du taugst nichts, das klappt eh nicht ... du wirst niemals erfolgreich sein ..." usw.

Das Tückische ist: Ich spüre ihn nicht, sondern ich merke an meiner gedrückten, angespannten Stimmung, dass etwas gerade nicht stimmt. Ich fühle mich nicht wohl, sondern unsicher, ich hab einen Kloß im Hals oder einen Druck im Magen, meine Laune ist im Keller und meine Energie komplett am Boden, und das Hirn zermartert mich mit lauter Sorgen und Ängsten!

Er meldet sich in Situationen oder durch Personen, auch durch Ereignisse, die uns wichtig sind. Er erscheint in Momenten der Entscheidung, während der Verhandlungen meiner Gage und anderer Honorarvereinbarungen. Wenn ich meinen Selbstwert bestimmen und meinen Marktwert ermitteln soll – dann spüre ich so etwas wie: „Bist du noch zu retten, das zahlt doch kein Mensch … die Konkurrenz schläft nicht … du wirst schon sehen …"

Und er zeigt sich in ALLEM, was uns an anderen Menschen stört und an allen möglichen Situationen nervt. „Ich bin hier der Herr im Haus!" Was macht ein solches Credo mit uns?

Der Glaube an sich selbst

Wir glauben an ziemlich viele Dinge: an einen Vorgesetzten, an einen Freund, an den Menschen, der mir vertraut und der mich auf meinem Weg begleitet, an Produkte, auch an das Unternehmen, dem ich angehöre. Aber an mich selbst? Da sind wir eher im Mangel.

Ich habe festgestellt, dass zu viele Menschen und Selbstständige deswegen nicht ins Tun gehen können, weil sie sich gebremst und gehemmt fühlen. Sie haben eigentlich Potenzial, aber sie akquirieren nicht, sondern haben diffuse Schwierigkeiten, mit anderen Menschen ins Gespräch zu kommen. Das betrifft Vertriebler, Marketingpersonen, es betrifft auch klassische Sänger, die sich bei Agenturen vorstellen müssen, um zu einem Vorsingen für ein Engagement eingeladen zu werden. Deshalb möchte ich nun allmählich konkreter werden und eine Möglichkeit vorschlagen, wie man diesem großen und bedeutsamen Thema begegnen kann. Wohl wissend allerdings, dass ich hier Lebensthemen anschneide, für die es evtl. eine anders geartete Hilfe bräuchte: vielleicht eine Therapie – so wie bei mir damals.

Der Glaube an mich selbst – warum ist er so grundentscheidend? Warum stellt er den Inbegriff meines Erfolges dar, den Brennpunkt meiner Zielerreichung, den

Fokus meiner Persönlichkeit, warum ist er das elementare Zentrum meines Wesens?

Wenn ich an mich selbst nicht glauben kann, wenn ich Zweifel habe an meiner Persönlichkeit, an meinem Tun, an meiner eigenen Glaubwürdigkeit – wie sollen mir dann andere Menschen folgen und wie sollen sie an mich glauben? Wie sollen sich andere für mich entscheiden können, wenn ich mich selbst innerlich unsicher fühle mit dem, was ich tue? Wie sollen die anderen eine Unterschrift rechts unten hinsetzen, wenn sie meine Unsicherheit spüren? Wie sollen die Agenten mich engagieren, wenn „es" in mir denkt: „Ob mein Stimmvolumen wohl reicht ... ob mein Timbre wohl gefällt ... hoffentlich krieg ich den hohen Ton ... hoffentlich gelingt mir die schwere Passage ... ob ich wohl gut genug bin für die Ansprüche dieser Partie, für dieses große Haus? ... Ich MUSS heute perfekt sein! ..."

Woher kommt dieser fatale Mangel im Denken und Fühlen? Viele Menschen haben Angst vor Ablehnung, vor Versagen und Zurückweisung. Sehr viele Menschen haben Angst – nicht vor ihrem Misserfolg, sondern vor ihrem Erfolg! Das klingt jetzt ziemlich seltsam, aber Sie kennen bestimmt dieses Phänomen: Es ist entsetzlich, nicht beachtet zu werden. Aber noch entsetzlicher ist es, allzu sehr beachtet zu werden. Kinder drehen sich weg, wenn sie sich zu sehr beobachtet fühlen. „Es ist eine sehr versteckte Angst und der Grund dafür sind tief im

System eingeprägte negative Glaubenssätze." (Zurhorst) Ganz ehrlich: Wenn Sie auf der Bühne stehen und von Tausenden von Menschen bejubelt werden würden, alle Spots sind auf Sie gerichtet und Sie erleben Standing Ovations? Wie geht es Ihnen damit? Nur jetzt in der Vorstellung?

Bitte schließen Sie einmal die Augen und visualisieren Sie diese Szene. Machen Sie es jetzt!

Was haben wir in der Kindheit erlebt? Haben wir gehört und gelernt: „Das hast du toll gemacht ... du bist so klug, meine Kleine ... du bist so begabt, mein Herz ... was bist du geschickt, mein Goldschatz ... ich bin so stolz auf dich ... ich bewundere dich ... genieße diesen Moment, meine Süße ... freu dich an deinem Leben ... was habe ich für eine wunderbare Tochter ... was bist du für ein wunderbarer Sohn ... du bist so ein wertvolles Kind ... du bist meine größte Freude ... danke, dass du in mein Leben getreten bist ... du bist ein Gottesgeschenk, meine geliebte Seele ..."?

Oder haben wir gehört und gelernt: „Das kannst du nicht ... das darfst du nicht ... das steht dir nicht zu ... das hast du nicht verdient ... dazu bist du zu klein ... lass das bleiben ... niemals wirst du das schaffen ... du bist ein böses Kind ... ein schlimmes Kind ... du bist total ungeschickt, ich hab's ja immer gewusst ... in unserer Familie hat sich noch nie jemand selbstständig gemacht

... Geld verdirbt den Charakter ... Geld allein macht auch nicht glücklich ... wer reich ist, ist langweilig ... Leben ist nicht nur Spaß ... einer muss ja die Miete zahlen ... um des lieben Friedens willen ..." usw.

Das Gemeine ist, dass besonders die negativen Sätze bis in unser jetziges Leben hinein ungut wirken und bei vielen Menschen immer noch in der Lage sind, erfolgreiches Meistern der Herausforderungen des Lebens und den Erfolg glorreich zu verhindern. Und das noch Gemeinere ist, dass wir nicht merken, dass diese Verhinderung geschieht. Denn diese Sätze aus der Kindheit – sie sind so stark in unserem Bewusstsein verinnerlicht, dass „es" in uns denkt: „Es stimmt ja auch, ich kann's halt nicht ... die anderen sind eh besser als ich ... ich war schon immer ein Pechvogel ... Erfolg ist ein Fremdwort ..." „Ich muss alles selbst machen, sonst wird das nix ... Alle sind gegen mich, alles ist gegen mich ..."

Übrigens musste früher das Schlimme nicht unbedingt ausgesprochen sein, es reichte schon die entsprechende Haltung von Trauer, Negativität, Leistungsdruck dem Kind gegenüber.

Sich nicht wert fühlen ist fatal. Wenn ich mich nicht wert fühle, dann ist auch nicht das etwas wert, was ich so mache, welchen Beruf ich ausübe, wie ich bin usw. So kann ich auch den Wert anderer Menschen nicht sehen:

nicht den Wert meines Partners, meiner Kinder, meiner Kollegen! Ein trauriger Teufelskreis.

Ich möchte unbedingt klarstellen, dass ich hier keine Kritik an unseren Eltern übe! Sie wussten es damals nicht besser und haben uns immer und zu jederzeit ihr Bestes gegeben. Oder sie wussten es besser und konnten sich, aus welchen Gründen auch immer, nicht dazu entscheiden, wirklich ihr Bestes zu geben.

Natürlich verringert dieses Wissen nicht den Schmerz, den wir auch als Erwachsene immer noch fühlen und es mindert nicht das Leid, das immer noch in unserem System sitzt. Es ist dies aber bitte unsere Sache und ich möchte Sie einladen, dafür nun selbst Verantwortung zu übernehmen.

Auch wenn das schwer fällt und z. B. in meinem Fall viele Jahre gedauert hat, bis ich frei war. Meine Eltern vermittelten uns, dass wir drei vollkommen unnütze Kinder sind, permanent schlecht in der Schule, wertlos, hässlich, mit zwei linken Händen geboren usw. Ich war bis zum 10. Lebensjahr ein Stotterkind, außerdem komplett unfähig, auch nur irgendetwas zum Gelingen zu bringen. 20 Jahre lang wurden wir mit heftigster Brutalität gefoltert, unsere Körper misshandelt und unsere Seelen missbraucht. „Dumme Gans ... Kinder haben keine Seele ... du bist nichts wert ... Mutter, unsere Kinder sind nichts wert", pflegte mein Vater als Pfarrer sich zu beschweren, „du gehst zur Müllabfuhr, zu mehr wird es eh nicht reichen ... das ist alles Albernheit ...", waren noch die netteren Komplimente. Sehr viele sehr hässliche Namen durften wir hören, mit denen meine Eltern uns Kinder und Menschen überhaupt titulierten. In meinem Fall kulminierte diese Zeit in einer lebensbedrohlichen Erkrankung, die mich zwei Jahre meiner Karriere als Sängerin, die gerade begonnen hatte, gekostet hat. Aber ich erlebte zum ersten Mal in meinem Leben Tag und Nacht volle Zuwendung durch das sehr liebevolle Pflegepersonal und die charismatischen Ärzte. Mein Gefühl, nichts wert zu sein, schlug sich nieder in Lähmungen am ganzen Körper. Nicht einmal der Lidschlag funktionierte. Auf dem Weg der Wiedergesundung allerdings lagen großartige Schätze, ohne die ich heute nicht da wäre, wo ich bin. In der tiefen Gelassenheit, in dem hohen Wissen, dass alles richtig ist, so wie es ist, in dem absoluten Vertrauen in das Leben ging ich wacker und mutig meinen Entwicklungsweg. Ohne diesen gesundheitlichen Einschnitt wäre es mir nicht möglich gewesen, diesen Prozess zu starten: weg vom Trachten nach Anerkennung und Elternliebe, unbewusst auf andere Menschen projiziert habend, hin zu Frieden, Zufriedenheit und Dankbarkeit und persönlicher Stärke. Außerdem hatte ich das große Glück, eine hochkompetente und herzensgute Therapeutin gefunden zu haben, mit deren Hilfe ich mich von meinen verhärteten Verstrickungen aller nur denkbaren dramatischen und lebensgefährdenden Glaubenssätzen und dadurch von meinen seelischen Verletzungen heilen konnte. Diese Therapie zeigt bis heute ihre nachhaltige Wirkung, für die ich tief dankbar bin! So fühle ich mich nun befähigt, dieses Glück mit anderen Menschen zu teilen.

Diese Therapie lehrte mich auch, dass nur ich selbst etwas verändern kann und nichts von außen in der Lage ist, innere Heilung herbeizuführen. Wenn ich ernsthafte Veränderung anstrebe, muss und darf ich selbst aktiv werden, ich muss selbst die alten (schrecklichen) Zeiten verdauen und diesen Weg der persönlichen Entfaltung tatkräftig beschreiten. Zusätzlich habe ich gelernt, dass ein solcher Prozess professionelle Führung braucht, denn nur mit der klugen und feinfühligen Hilfe meiner Therapeutin konnte ich Schritt für Schritt wie eine Zwiebel die störenden Häute ablegen. Der Anspruch, alles allein bewältigen zu müssen, ist in diesem Punkt unklug und beruht auf einem Glaubenssatz. Ich durfte erfahren, dass es hilfreich und intelligent ist, sich in die Hände einer Vertrauensperson zu begeben und sich führen zu lassen.

Es bedarf der Achtsamkeit, um seine Glaubenssätze herauszufinden. Mein Rezept dafür ist dieses: Schreiben Sie bitte einmal Ihre Ziele auf und genauso auch Ihre Stärken. Und hören Sie gut hin, spüren Sie gut hin, was sich in diesem Moment des Schreibens bzw. des Erzählens für Gedanken melden. Diese Gedanken erst einmal zu fassen zu kriegen – darum geht es jetzt, und zwar ohne nachzudenken und ohne zu werten, nur aufschreiben und sammeln. Ich meine die Stiche, die dann kommen, wenn wir uns mit unseren Träumen und Zielen wirklich und konkret beschäftigen. Die nächste Frage ist: Können Sie sich auch die Emotionen gönnen, die uns ins Schwärmen bringen und uns in der Vorstellung den Rausch und die Freude über unsere erreichten Ziele erleben und tief fühlen lassen? Und was geschieht dann? Hören Sie: „Oh toll, was freue ich mich mit dir ... ich gratuliere dir ... komm, lass uns ein Fest feiern ... wenn's einer verdient hat, dann du! ..."? Oder hören Sie: „Ach DU doch nicht ... du bist doch gar nicht gut genug ... schlag dir das aus dem Kopf ... du und Erfolg? ... Wo kommen wir denn da hin ... du weißt doch: erfolgreiche Menschen sind ausgegrenzt und stehen alleine da ... reiche Menschen sind unglücklich ... es klingt zu schön, um wahr zu sein ..." usw.

Solche Blitze funken meistens in dem Moment dazwischen, in dem man sich mit seinen Zielen und genauso mit seinen Stärken emotional beschäftigt bzw. dann, wenn Erfolg in die Nähe rückt und sichtbar zu werden droht.

Wenn wir mit diesen Themen coachen, sollte bedacht sein, dass Glaubenssätze und negative Gedanken nicht bei jedem Menschen gleich und auch nicht gleich stark ausgeprägt sind. Trotzdem betrifft es sehr viele Menschen, allen Alters übrigens. Zudem ist damit zu rechnen, dass es auch Menschen gibt, die gerne weiter leiden und sich ihren unreflektierten Annahmen nicht stellen wollen. Ja, es ist deren eigene freie Entscheidung.

Jetzt gibt es natürlich unzählige Modelle, Glaubenssätze umzuwandeln und mit der Zeit von ihnen frei zu werden. Ich persönlich arbeite mit zwei Möglichkeiten.

Meine Möglichkeit Nr. 1

Es ist eine wunderschöne Übung, ich nenne sie: „Stärken stärken, Schwächen schwächen." Hier die Reihenfolge, wie ich sie oft praktiziert habe und für wichtig und sinnvoll erachte.

Der Fünf-Punkte-Plan

1. Sie haben ein Meeting. Und jeder, der möchte, stellt sich vorne hin und nennt ALLE seine Stärken. Und zwar: NUR die! In Kürzest-Sätzen: also in Drei-Wort- oder höchstens Vier-Wort-Sätzen. Ein Beispiel:

Ich stehe also vor der Gruppe und sage: „Ich bin hübsch, ich bin lieb, ich kann laufen, ich kann stricken, ich kann schwimmen, ich kann abwaschen, ich kann führen, ich bin eine gute Mutter, ich bin ein großartiger Gärtner, ich bin treu, ich habe ein großes Herz …" und, und, und. Während man da vorne steht, ist es ganz wichtig, grad so zu sprechen, wie einem der Schnabel gewachsen ist, ohne zu werten und ohne zu denken. Nur das Schöne von einem selbst! Dabei geht es um die Wesenszüge. Wenn ich sage: „Ich bin fröhlich", dann geht es hier um mein fröhliches Wesen, was natürlich nicht heißt, dass es Stunden oder Phasen geben kann, wo ich auch mal traurig bin und durchhänge. (Ganz abgesehen davon ist Traurigsein in meinen Augen auch eine Stärke.)

Jeder in der Gruppe darf nach vorne kommen. Sie werden beobachten, dass die Teilnehmer in diesem Meeting anfangs noch zögern, aber man bemerkt bei demjenigen, der diese Übung gerade hinter sich hat, eine deutliche Veränderung seiner Haltung, seines Gesichtes, man spürt eine Aufgeräumtheit und innere Heiterkeit. Man sieht ihm an, wie gut ihm diese Minuten da vorne getan haben müssen und dann wollen auch die anderen Teilnehmer sich dieses Erlebnis gönnen.

Diese Übung klingt harmlos, aber sie hat es in sich. Machen Sie sie! Stellen Sie sich!

Wenn ich übrigens Ihr Meeting leite, stelle ich gerne Fragen wie: „Warum sollten wir dir folgen … was bietest du uns an Besonderheiten, die andere evtl. nicht haben … organisierst du gerne … telefonierst du gerne … bist du diszipliniert … magst du Menschen …?" usw.

2. Danach empfehle ich, dass jeder zu Hause drei Listen erstellt:

- Ein riesiges Blatt mit der Überschrift: Ich kann …
- Ein zweites riesiges Blatt mit der Überschrift: Ich bin …
- Ein drittes riesiges Blatt mit der Überschrift: Ich habe …

Und jetzt geht es los: Schreiben, schreiben, schreiben! Nur die schönen Dinge, alle Qualitäten, die Sie haben, alle Ihre Fähigkeiten, alles, was Sie an sich schön finden und was Sie an sich genießen. Auch solche vermeintlichen Selbstverständlichkeiten wie: „Ich kann rechnen, lesen, schreiben, sprechen." Denken Sie einmal daran, WIE viele Menschen auf der Welt das nicht können, weil sie die Gelegenheit nicht bekamen, es lernen zu dürfen. Es ist eben nicht selbstverständlich! In der Ausgabe DIE ZEIT vom 3. März 2011 steht ein sehr umfangreicher Artikel mit der Schlagzeile: „Mehr als sieben Millionen Deutsche können kaum lesen und schreiben".

Also: Das sind unsere Werte! Wir sind so unendlich reich an Schätzen und sind es nicht gewohnt, diese unsere „Juwelen", unsere Stärken und hohen Qualitäten auch wirklich wertzuschätzen.

Auf meiner Liste steht übrigens: „Ich kann mit den Augenlidern klimpern!" Sie erinnern sich an die Zeit, in der dies durch meine ganzkörperliche Lähmung ein paar Wochen lang nicht möglich war.

Bitte schreiben Sie in Drei-Wort-Sätzen. Jede Zeile beginnt immer wieder mit: Ich kann ... bzw. ich bin ... und ich habe ... Machen Sie es jetzt! Sofort!

Was geschieht? Eine echte Veränderung. Es entsteht eine Fröhlichkeit, eine Heiterkeit und eine natürliche Selbstverständlichkeit für Ihr eigenes Selbst. Mit der Zeit gewinne ich Zutrauen und Klarheit. Wenn ich JETZT rausgehe zum Kontakten, oder mich ans Telefon hänge, um meine Liste abzuarbeiten – was glauben Sie, wie wir da rüberkommen? Werden wir Erfolg haben? Ja, wir werden! Denn wir strahlen und leuchten – von innen heraus nach außen. Probieren Sie es aus!

Wenn ich jetzt auf die Bühne gehe, zum Vorsingen oder in die Abendvorstellung – was glauben Sie, wie werde ich singen bzw. spielen?

3. Als nächsten Schritt dürfen Sie – und jetzt sage ich was: Ihre Listen öffentlich aufhängen: an die Kühlschranktür oder an die Wände Ihres Korridors bzw. Ihres Meetingraumes.

Ojeojeoje ... Na? Wie geht es Ihnen damit? Bitte nehmen Sie genau wahr, was JETZT passiert!

„Die spinnt ja echt, die Frau ... die hat ja voll den Knall ... nee, so was mache ich nie! ... das ist ja Angeberei pur! ... das gehört sich nicht ... immer schön bescheiden bleiben ... so was macht man doch nicht! ... ist das peinlich! ..."

Genau, recht haben Sie! Da sind sie, unsere anerzogenen Glaubenssätze des Widerstandes, immer hübsch dabei und flott zur Stelle! Da haben wir die kleinen Teufelchen voll am Wickel. Hier soll nun Erfolg – denn meine Stärken SIND mein Erfolg – sichtbar gemacht werden und dies hier ist das Barometer, an dem Sie ablesen können, wo Sie selbst stehen. Bin ich im Einverständnis mit mir selbst und mit meinem Geschäft, habe ich ein gesundes natürliches Selbstbewusstsein und bin ich gut im Kontakt zu mir selbst und mit mir selbst, dann wird diese Übung und besonders das Aufhängen meiner Listen kein Problem sein. Gehe ich allerdings damit in den Widerstand, schüttele den Kopf über diesen Unfug und schimpfe kräftig, bin ich eingeladen zu überprüfen, wie das denn bei mir so ist mit dem Erfolg, mit meiner Wertschätzung für mich selbst, mit meiner Wertschätzung für andere Menschen und für schwierige Situationen. Erinnern Sie sich an das interessante Phänomen: Nicht gesehen zu werden ist schlimm. Noch schlimmer aber ist es, zu sehr gesehen zu werden. Was ist unsere Sehnsucht?

4. Es geht NOCH weiter: Nun bitten Sie die Menschen, die zu Besuch kommen, etwas auf Ihre Listen dazuzuschreiben. Also wenn ich Sie besuchen komme, liebe Dame, lieber Herr, schreibe ich auch etwas dazu. Natürlich NUR etwas Positives und Gutes. Selbst dann, wenn es schon zehnmal drauf steht. Das heißt also: Sie bitten andere Menschen, Sie in Ihrer Wertschätzung für Sie selbst, sprich in Ihrem Erfolg zu unterstützen. Das bedeutet, dass Sie nun lernen, voll und ganz zu Ihrer Persönlichkeit, zu Ihrem Erfolg zu stehen und ihn quasi öffentlich zu machen.

Was halten Sie von dieser Idee? Schlagen Sie wieder die Hände über den Kopf zusammen und sind nun komplett entrüstet und empört? Recht so, denn schon wieder ertappen wir unsere Kobolde, die so liebenswürdig sind, sich beflissen zu Wort zu melden. Positiv wäre, sich auf die Sichtweisen der Besucher zu freuen, die sind nämlich hochinteressant! Ihre Freunde schreiben ihre Komplimente bitte in der Du-Form auf Ihre Listen.

5. Nun gibt es noch einen weiteren Schritt: Nämlich die Beziehung zu den auf den Listen beschriebenen Fähigkeiten und Wesenszügen im Alltag herzustellen und wahrzunehmen, diese also wirklich zu sehen und anzuerkennen. Ein Beispiel: Wenn ich ein angenehmes Telefonat oder ein schönes Gespräch mit einem Mitarbeiter hatte, ist es nun wichtig, dies auch wirklich anzuerkennen und diese Fähigkeit zu reflektieren. Ich bestätige

mir damit, dass ich meine Fähigkeiten, die da auf den Listen stehen, auch tatsächlich lebe. Ich sage dann: „Wow, das ist mir gut gelungen ... ich wusste ja: Ich bin teamfähig ... ich bin lernbereit ... ich bin pfiffig ...“ Die Dinge, die wir gesammelt bzw. die andere Menschen auf unsere Listen geschrieben haben, sind es wert, täglich und stündlich als solche auch von uns ganz bewusst wahrgenommen und wertgeschätzt zu werden. Sie gehören angekoppelt ans Leben, an unser Tun, an unsere Arbeit, an unser Sein.

Beginnen Sie schon am Morgen mit dieser Wahrnehmung: „Wie schön habe ich den Frühstückstisch gedeckt ... wie intensiv ich die Sonne erlebe ... wie freue ich mich über den Regen! ...“ Über den Vormittag und Mittag bemerken Sie vielleicht so etwas wie: „Ich habe so lecker gekocht ... ich habe mein Kind getröstet ... gut gemacht! ... Ich habe einen Strauß frischer Blumen für den Arbeitsplatz besorgt ...“ Auch Dinge wie: „Da hab ich Glück gehabt – während einer prekären Situation auf der Straße ... oder mit meinem wohlwollenden Chef ... mit meinen Kollegen, Patienten, Kindern, Partnern ...“ Vielleicht lassen Sie am Abend den Tag Revue passieren und zählen einmal alles auf, was Ihnen heute ganz selbstverständlich und zufrieden stellend geglückt ist – dies wäre ein wunderschöner Abschluss eines garantiert gelungenen Tages!

Ich möchte, dass Sie checken, wie Sie 24 Stunden lang zu 99 Prozent ganz sicher alles gut und richtig machen! Bitte nehmen SIE es wahr!

Übrigens: Sollte Ihnen unter diesem Tun etwas auf- oder einfallen, das noch nicht auf Ihren Listen steht – vielleicht: „Ich kann trösten … ich bin freundlich zu meinen Kollegen … ich liebe meinen Arbeitsplatz …" usw., dann schreiben Sie bitte diese Qualität unbedingt dazu!

Ich wünsche Ihnen von Herzen, dass Sie mit der Zeit in der Lage sind, ohne Angst und ohne Druck, sondern ganz normal und selbstbewusst Ihr Leben und Ihr Business zu gestalten und ich wünsche Ihnen dieses großartige Gefühl von deutlich mehr innerer Freiheit. Bitte bedenken Sie dabei, dass Sie sich in einem Prozess befinden. Es wird einige Zeit brauchen, bis das Ziel dieser inneren Freiheit in Ihnen wirklich bewusst und präsent ist. Es gibt keinen schnellen Erfolg! Auf jeden Fall aber haben Sie auf diesem Weg einen stattlichen Schritt in Ihrer persönlichen Entwicklung vollzogen. „Der Beginn ist der wichtigste Teil der Arbeit", sagt Plato.

Nun gibt es noch zwei Fallen:

Die erste Falle: Es ist ziemlich wahrscheinlich, dass ein paar Tage nach dieser aktiv gelebten Übung die erreichte hohe Energie wieder abflacht. Warum? Weil sich die alten Konditionen, die gewohnten Gedankenviren wieder dazwischen geschoben haben. Das geschieht unbewusst und unbemerkt. Leider. Wäre es anders, würde diese Energie ganz selbstverständlich die meiste Zeit oben sein! Das bedeutet: Es hatten sich heimlich, still und leise wieder die Piekser eingeschlichen wie: „Ach lass man, hilft ja doch nicht wirklich ... das wirkt eben doch nicht ... alles leere Versprechungen ... ich kann doch nicht besser sein als meine Eltern ... nein, nein, ich bin einfach nicht schön ... nur bei mir passiert so was ... ich kann noch so viel tun ... es wird mir nie gelingen ... das geht hier sowieso viel zu weit ..." etc.

Das sind die leisen Zweifel, die da so ganz entspannt und allerliebst wieder Platz genommen haben. Ich lade Sie ein, jetzt sehr aufmerksam und wach zu sein, um diese Gedanken zu fassen zu kriegen, denn sie wollen unsere Veränderung zum Positiven, zum Wertschätzen, zum Strahlen, zum Wohlstand und zum Erfolg sabotieren und wieder einmal dafür sorgen, dass wir uns selbst verleugnen. Auch das Autorenpaar Zurhorst weiß: „Sie wollen uns schon wieder wegzerren von dem Weg in unsere Berufung: ‚Wer sollte DAS schon für bedeutungsvoll halten, was du da machst! – Du willst DAMIT Geld verdienen – du scheinst irgendwie völlig übergeschnappt zu sein ...'" Da sabotiert dieser Glaubenssatz den Weg in die neue Welt. Hier ist allergrößte Aufmerksamkeit geboten, bitte aber auch die Anerkennung dafür, dass so etwas geschehen kann und vermutlich auch geschehen wird. Inzwischen können Sie aber viel bewusster damit umgehen und gut achtgeben, damit Sie sich nicht schon wieder ausbremsen lassen!

Die zweite Falle: Wenn Sie im Meeting vor der Gruppe Ihre Stärken stärken bzw. Ihre Listen aufhängen, kommt vielleicht die Frage auf: „Ja, aber bin ich denn da nicht zu selbstbewusst – kommt das denn nicht arrogant rüber?"

Tja , da ist er wieder, unser Glaubenssatz in Form einer Abwehrreaktion.

Jemand hat wohl schon mal zu Ihnen gesagt: „Sei bescheiden ... trumpf nicht so auf ... du spinnst ja wohl ... so wichtig bist du nicht ... du bist zu klein, zu dick, zu blöd ..." Das sind die Fallen.

Ich empfehle Ihnen, diese Stolpersteine zu akzeptieren, sie anzuerkennen, trotzdem intensiv zu üben und sie somit allmählich zu überwinden! Und ich sage nicht, dass das immer leicht ist.

Wo steht geschrieben, dass man nicht ehrlich seine Stärken präsentieren darf, wenn sie doch vorhanden sind, dankbar gesehen und geachtet werden wollen? Wo steht geschrieben, dass ich mich in meinen wunderbaren Fähigkeiten nicht wertschätzen darf? Und wo steht, dass ich all das nicht entsprechend ausdrücken und leben darf?

Natürlich geht es nicht um Arroganz oder Ähnliches, sondern um ein gesundes Selbstbewusstsein, eine natürliche Selbstverständlichkeit, mit seinen inneren Schätzen und Werten liebevoll, offen und mitfühlend umzugehen. Und was ich zum Glück immer wieder erlebe, ist, dass man all die vermeintlich unangenehmen Dinge wie z. B. Akquise, das Nachfassen oder das Promoten einer Veranstaltung sehr lieben lernen kann aufgrund dieser Arbeit an sich selbst, durch die Stärkung der eigenen Persönlichkeit.

Zum Schluss dieses Kapitels möchte ich noch einen Gedanken hinzufügen, den ich bei einem Seminar mit dem Persönlichkeitstrainer Dirk Jakob aufgegriffen habe. Er sagt: Jede positive Qualität kann bei Übertreibung zu etwas Negativem führen. Ein Beispiel: Wenn jemand sagt: „Ich bin kommunikationsfreudig", dann denkt man ja zuerst, wow, das ist ja toll, das können wir in unserem Unternehmen gut gebrauchen, klasse! Aber wenn dieser eigentlich schöne Wesenszug überstrapaziert wird, kann da eine redselige Quasselstrippe herauskommen – und das ist dann wohl nicht mehr so günstig.

2. Beispiel: Umgekehrt erzählt jemand von seiner Stärke: „Ich kann auch nein sagen." Tja, ist das nun positiv oder negativ? Ich glaube, das ist von Fall zu Fall zu entscheiden. Ist ein Mensch eher zurückhaltend, werte ich diese Qualität als absolut positiv, denn zu viele Menschen sagen Ja, obwohl sie NEIN meinen. Wenn aber

jemand NUR noch Nein sagt, ist das natürlich nicht gewünscht. Dirk Jakob machte uns mit diesen Beispielen darauf aufmerksam, dass sich jede Stärke zu einer Schwäche ausweiten und umgekehrt jede vermeintliche Schwäche sich zu einer Stärke entfalten kann. Das ausgewogene Maß ist entscheidend.

3. Beispiel: Jemand, der sich selbst eher als schüchtern wahrnimmt, sagt: „Ich bin frech." Dann sage ich: Super! Tolle Fähigkeit! Wenn sich Frechheit allerdings auswächst, kann es zur Unverschämtheit werden und natürlich ist das hier weder gemeint noch gewollt.

Sie wissen, dass Sie ein wertvoller Mensch sind, nur benutzten Sie vielleicht bisher Überzeugungen, die Sie davon abhielten, diese wunderbaren Fähigkeiten und Stärken als Ihre Realität und Ihre Wahrheit wahrzunehmen. Wieder stoßen wir auf dieses Phänomen: Auf die Angst vor dem Erfolg, unserem Licht und seinem Leuchten, also davor, allzu sehr gesehen zu werden.

Ihre Chance ist wie die einer „Auster, die das Sandkorn braucht, um eine Perle bilden zu können". Dieses Sprichwort habe ich irgendwo aufgeschnappt. Greifen Sie sie und werden Sie „der Beste, der Sie sein können"! (Boris Grundl)

Ich möchte gerne einige Reaktionen zitieren, die ich von mir fremden Damen bekam, nachdem mein Beitrag zu diesem Thema als Telefoncall innerhalb meines Unternehmens allen Partnern zur Verfügung gestellt wurde.

„Ich nehme einmal an, dass du DIE Ulrike bist, die wir in unserem neuen Call hören dürfen!!?? Ich bin sehr berührt von dem, was du dort erzählst, und du hast bei mir mitten ins Schwarze getroffen!! Mir sind die Tränen gelaufen und ich danke dir für die tollen Tipps!!! Liebe Grüße und ein schönes WE wünscht Ulrike S."

„Hallo Ulrike! Ich finde deinen Fünf-Punkte-Plan so toll und bin drauf gekommen, dass der Glaube an mich selbst der schwächste ist und ich mir selbst am meisten im Weg stehe. Ich werde noch heute mit meinen drei Listen anfangen und ich denke, dass ich dann schon einen Schritt weiterkommen werde. MfG Monika S."

„Hallo Ulrike, deine Call-Beiträge begeistern mich sehr, speziell im letzten Call deine Anleitung zu einem besseren Selbstwertgefühl – vielen Dank, einfach super!! Halina S."

Es folgen zwei Feedbacks zu meinem letzten Wochenendseminar, das ich zu diesem Thema abgehalten hatte.

„Liebe Ulrike, wie schade für alle, die bei dieser Akademie nicht dabei waren, denn es war ein Privilegseminar für alle, die teilnahmen. Wir haben alle wichtigen Themen so intensiv für jeden Einzelnen er- und bearbeitet, dass es einem zweitägigen Intensiv-Einzelcoaching gleichkam. Du hast es auch noch geschafft, sowohl den alten Hasen als auch den Wiedereinsteigern und den Neulingen alles zu geben, was jeder gerade braucht. Herzlichen Dank noch mal für dieses einmalige Wochenende. Daniela G."

„Vielen Dank für dein Verständnis, liebe Ulrike! Hab heute übrigens begonnen, Termine auszumachen, aber dadurch hab ich festgestellt, dass ‚Neins‘ überhaupt nicht schlimm sind. Und es eigentlich sogar Spaß gemacht hat, etwas für die Zukunft zu machen und nicht nur gelangweilt im Zimmer rumzugammeln ... hab also schon den ersten Schritt geschafft. Jetzt heißt es nur noch weitermachen!!!, und ich bin überzeugt, dass ich es dieses Mal schaffe – komme, was wolle! Darum danke ich dir noch mal für das tolle Wochenende und auch dafür, dass du mich dorthin „gezwungen" hast, denn ich WEISS, dass es mich vor einem weiteren Absturz gerettet und mich sehr viel weiter gebracht hat in meiner Entwicklung. Also DANKE für ALLES!!! Konrad H."

Warum die Übung „Stärken stärken"? Wenn ich herausfinden möchte, was meinen Erfolg bisher verhindert hat, dann braucht es zuerst einmal einen Boden, auf dem ich sicher stehen kann, wenn ich mich in diesen Prozess des Erkennens und Umwandelns begebe. Auch einer Tulpenzwiebel bereite ich einen Nährboden, damit sie wachsen kann. „Es braucht die Konzentration auf die Fähigkeiten, die vorhanden sind." (Boris Grundl) Erst dann sind Veränderung und Wandlung möglich.

Und warum vor der Gruppe? In der Gruppe verstärken sich Freud und Leid. Das emotionale Erleben in einer Gruppe hat eine komplett andere Qualität als wenn ich diese Übungen einsam in meinem Kämmerlein praktizieren würde. Ich behaupte sogar, es ist eine deutlich stärkere Qualität. Damit möchte ich auf keinen Fall den Wert von In-die-Stille-Gehen schmälern, es ist nur eine ganz andere Art des Erfahrens, des Erlebens und der haftenden Wirkung. Außerdem werden Sie überrascht und voller Bewunderung sein für all die Dinge, die Sie von Ihren Mitmenschen und Kollegen hören!

Lesen Sie bitte noch zwei schöne Referenzen:

„Liebe Ulrike, du bist überaus facettenreich und überraschst (mich) damit immer wieder aufs Neue. Du bist bereit zu lernen, zu reflektieren. Denn: Du teilst aus (manchmal wohl schneller als Dir lieb ist ;-)) – JEDOCH: Du kannst auch einstecken – und zwar ohne ewig nachzutragen! Das schätze ich sehr! Diese beiden Eigenschaften vereinen sich leider eher selten in einem Menschen.

Im Team blühst du auf. Wenn andere sich dir öffnen, beginnst du zu werkeln und zu wirken – und das ganz weich. Du bist eine Super-Coachin, sehr geradlinig, ein Vorbild. So vermittelst du Sicherheit, und so führst du auch. Du bist eine starke, warme und weiche Frau. Dein inneres Kind – die ‚kleine Ulrike'– ist immer spürbar anwesend. Du hast dich sehr entwickelt in den letzten Jahren! Ate P."

„Liebe Ulrike, STÄRKEN STÄRKEN – das ist DEINE GANZ BESONDERE STÄRKE. Ich bin dir sehr dankbar für die Impulse, die du mir und meinem Team in der Januar-Akademie in dieser Hinsicht gegeben hast. Du verstehst es, sehr präzise und klar genau DAS spürbar zu machen, wo unser Alltag schnell drüber wächst: die Potenziale, Chancen, Möglichkeiten ... ein DREH-UND-ANGELPUNKT für das wunderbarste Business, das es gibt! DANKE!!! Von Herzen, Maria F."

Marias Mutter heißt Anne. Sie ist inzwischen 73 Jahre alt und hat in den letzten fünf Jahren eine großartige persönliche Entwicklung, eine wirkliche innere Wandlung vollzogen. Ich habe allerhöchste Bewunderung für Annes Weg. Wenn sie in unseren Meetings ihre Stärken stärkt, entsteht eine ungemein hohe und dichte Energie: Uns Zuhörern bleibt der Atem stocken, es ist totenstill, Tränen rinnen ... Wir sind tief bewegt von Annes Dankbarkeit und ihrer würdigen, erhabenen inneren Haltung. Diese hohe Schwingung im Raum ist mit Worten nicht zu beschreiben.

Kinder und andere Verwandte

Übrigens empfehle ich diese Übung auch Familien mit Kindern. Wenn alle Familienmitglieder eine eigene Liste schreiben und aufhängen, Sie glauben nicht, was diese Aktion auslöst! Wenn Vater, Mutter, Kind jeweils beim anderen etwas dazu schreiben darf. Nur Schönes bitte, nur Gutes, Wohlwollendes und Liebevolles. Da geschieht etwas Wunderbares: Allmählich lenken Sie Ihre Aufmerksamkeit nicht mehr auf das Negative, auf den Streit oder auf das Blöde, sondern nur noch auf das Positive. Wir hören nun nicht mehr: „Du hast mal wieder dein Zimmer nicht aufgeräumt" oder „du warst böse", sondern wir hören: „Du bist so ein tolles Kind ... was bist du für ein toller Papa ... ein toller Bruder ..." usw. Alle sind darauf sensibilisiert, den anderen, Mutter, Vater, Schwester, Kinder in deren Fähigkeiten zu bestätigen, anstatt sich dauernd über deren Unfähigkeiten zu beschweren. Probieren Sie es aus, Sie werden es sehen. Machen Sie es JETZT! Sofort! Die ganz Kleinen diktieren uns ihre Stärken und bekommen bitte auch eine eigene Liste – es ist eine entzückende Szene mit einem leuchtenden Gesichtchen und eine goldige Begegnung mit ihrer starken Persönlichkeit! (Wenn ein Kind im Affekt mal das Gegenteil schreiben will, z. B. „die Mama ist ja voll peinlich, ey", dann darf es das tun, aber bitte auf ein anderes Blatt!)

Vorher aber empfehle ich Ihnen das „Stärken stärken". Trommeln Sie Ihre Familie zusammen und legen Sie los! Musik aus, Fernseher aus, Kerze an. Setzen Sie sich aufs Sofa und einer nach dem anderen stellt sich vor Sie hin. Keiner muss, alle sollten! Die Sitzenden schweigen! Keine Kommentare, keine Wertung, keine Urteile oder boshaften Gedanken! Sie müssen still sein! Es spricht nur der Mensch da vorne.

Na? Was tickert da jetzt in Ihnen? Alle Ausreden, die Sie jetzt sagen, sind Glaubenssätze! „Alles Quatsch!" – Aja? Erleben Sie diese Szenen, bevor Sie ein Urteil fällen! Machen Sie es einfach und halten Sie sich an die Regeln des Fünf-Punkte-Plans! Wenn Ihre Kinder da vorne stehen, spüren Sie sie! Augen auf! Atem flach halten! Wenn Sie jetzt Ihr Kind nicht neu „sehen" und Ihnen nicht Tränen laufen vor Glück und Stolz, dann haben Sie was falsch gemacht! Vielleicht kommt Ihr Kind vor Verlegenheit mit seinen Händen vorm Gesicht auf Sie zu gerannt – ja, kann sein. Aber dieses Erlebnis wird ihm unvergesslich und als positiver Halt und kraftvoller Anker tief in seinem Inneren eindrücklich bleiben. Sagen Sie: „Danke, dass du das alles mit uns teilst."

Und bitte hören Sie auf mit Sprüchen wie: „Du darfst nicht reiten lernen, dann fällst du vom Pferd und brichst dir das Genick ... zieh dir was an, sonst erkältest du dich ... iss nicht mit der Gabel, sonst verletzt du dich ..." Äußern Sie nur noch Ihre Wünsche, ohne Unterstellungen und den anderen schwächende Aussagen: „Bitte iss mit dem Löffel ..." Und wenn Sie Ängste ausdrücken möchten, bleiben Sie bei sich, statt diese auf Ihr Kind zu projizieren: „Bitte zieh dir deine Jacke an, ich habe Angst, dass du dich erkältest." Streichen Sie alle Projektionen ersatzlos! Ich weiß, besonders dies fällt vielen Eltern schwer. Arbeiten Sie an sich – es lohnt sich! Sie wollen für Ihr Kind das Beste? Dann lernen Sie diese Dinge hier! Denken Sie an das, was Sie früher bei Ihren Eltern gehasst haben, und seien Sie nicht so eifersüchtig auf Ihre Kinder, die es nun in diesem Punkt hoffentlich deutlich besser haben als Sie selbst früher.

Im Winter sah ich im Park ein kleines, etwa dreijähriges Kind auf dem Eis rutschen, es hatte sichtbar Freude daran, es war ganz bei sich und in seiner Größe, seine Bewegungen waren harmonisch und natürlich. Als die Mutter sich umdrehte, sagte sie: „Du, pass auf, sonst fällst du hin!" Und ich konnte den Riss sehen, der durch diesen Kinderkörper ging, sein Rutschen hatte keinen Schwung mehr, es hatte seinen Flow verloren, die Bewegungen waren stockend. Die Mutter hätte sich auch freuen und lobend sagen können: „Macht das Spaß? Wie schön, dass du das schon kannst, das ist ja großartig!" Oder sie könnte das Kind einfach in Ruhe lassen und nichts kommentieren – auch o. k.

Bitte verstehen Sie mich richtig: DIES ist des Pudels Kern, genau DARUM geht es hier!

Sie sind die Quelle, das Zentrum des Entstehens, hier liegen die zukünftigen Glaubenssätze Ihrer Kinder: bei Ihnen als Eltern. Wenn Sie solche Negativformulierungen ständig wiederholen, entsteht daraus für Ihr Kind das, was hier seitenlang zu lesen war. Wenn man „hinfallen, sich verletzen und krank werden" usw. analog auf das erwachsen werdende Kind überträgt, kann daraus der Glaubenssatz entstehen: „Ich traue mir nichts zu ... ich kann ja eh nichts ..." Sicher wollen Sie das nicht. Also ergreifen Sie die Chance, es besser zu machen als Ihre eigenen Eltern. Seien Sie der Lebenssprit Ihrer Kinder!

Übrigens ist dies eine Dauerübung, ein Dauer-Tun – es hört niemals auf! Machen Sie diese Übung auch mit anderen Verwandten, unbedingt aber mit denen, die Sie nicht ausstehen können! Liebe Eltern, liebe Großeltern, liebe Geschwister, liebe Tanten und Onkel, machen Sie ein Spiel daraus, es ist göttlich! Spüren Sie diese sensationelle Energie und machen Sie diese Übung, so lange und so oft Sie nur können! Geben Sie das Beste in die Welt, geben Sie Ihr Bestes Ihren Kindern.

Nun höre ich manche sagen: „Nee, mach ich nicht, die Kinder werden überschnappen!"

1. Dicker, fetter Glaubenssatz.

2. Ich behaupte, das stimmt nicht, aber wir haben diese Art von Zuneigung, Achtung und Respekt selbst nie er-

leben dürfen und deswegen emotionale Defizite aufgebaut.

3. Es sind Ihre rationalen Erklärungsversuche, um an diesem aus meiner Sicht falschen Satz festzuhalten und um nichts ändern zu müssen.

4. Dann tun Sie was für sich!

5. Können Sie hellsehen? Woher wollen Sie das wissen? Meine Erfahrung ist genau das Gegenteil. Kinder, die seelisch satt sind, sind normale, gesunde Kinder mit viel Power und alles andere als übergeschnappt. Sie sind ohne jede Furcht und haben genau deswegen Erfolg! (Angst führt zum Scheitern, nicht psychische und seelische Kräfte!)

6. Natürlich werden Sie weiterhin Ihre Grenzen setzen, ja klar! Es wird aber auf dem Boden der strengen Liebe, der liebevollen Strenge geschehen und ich bin sicher, mit einem völlig anderen Grundgefühl als VOR dieser Übung!

7. Was möchten Sie Ihren Kindern mitgeben, damit sie als lebensbejahende, ihre Herausforderungen meisternde Persönlichkeiten aufwachsen, die lebensfähig, belastbar, stark und dufte drauf sind, sich behaupten und zur Wehr setzen können?

8. „Solange Sie glauben, was Sie denken, sind Sie verloren!" (Byron Katie)

Manager und andere Führungspersönlichkeiten

Auch Manager und Chefs denken gerne, dass ihre Mitarbeiter abheben könnten, wenn sie diese wertschätzen und achten, wenn sie ihre Leistungen bewundern und anerkennen. So kann es sein, dass Ihnen alle möglichen Gedanken in den Sinn kommen, wenn Sie dieses Buch und besonders meine Einladung lesen, in diesem Sinne aktiv zu werden. Vielleicht so etwas wie: „So ein Labermist ... so etwas lehne ich ab ... darüber kann man doch nur lächeln ... das ist nichts für mich und auch nicht für meine Leute ... so etwas passt doch nicht in ein so großes Unternehmen ... ich bin ein gestandenes Mannsbild teutonischen Zuschnitts im Nadelstreif, ich kann mich in meiner Position doch nicht einfach so da hinstellen und den anderen erzählen, was toll ist an mir. Das sehen die doch sowieso, brauchen mich ja nur anzuschauen! ..."

Dazu zwei Dinge:

1. Bitte lesen Sie noch mal Punkt eins bis acht auf der vorherigen Seite. Den Begriff „Kind" dürfen Sie durch den Begriff „Mitarbeiter" ersetzen. Machen Sie es jetzt! Sofort!

2. Was ist Ihnen wichtig für sich selbst und für Ihre Leute: Schaffen Sie ein Umfeld, in dem die Mitarbeiter einsatzbereit und erfolgreich sind, in dem man nicht für, sondern MIT jemandem arbeitet? Ermöglichen Sie als

Chef Synergien, indem Sie eine angenehme und harmonische Unternehmenskultur begünstigen, wo Gewinne entstehen, weil rentabel gearbeitet wird? Bieten Sie eine Firmenphilosophie an, mit der die Menschen motivierter und dadurch produktiver arbeiten? Sehen Sie Ihre Kollegen als Konkurrenten oder als Reisegefährten, die ihre sozialen Kompetenzen leben dürfen und die Sie in Problemlösungen mit einbeziehen? Dann sind Sie ein echter Leader! Und zwar einer, der sich nicht über seine Partner erheben muss, sondern allzeit und gerne selbst dazulernt, der inspiriert, für sein Kollegium da ist und mit ihm interagiert. Sie wissen, dass nur energiegeladene Menschen produktiv sind und Sie wissen, dass Sie aufgrund all dieser Dinge Raum für das Wachstum von weiteren Führungskräften geschaffen haben.

Jetzt sind wir wieder an diesem einen Punkt: SIE sind der Kern, und zwar NUR Sie! Sie mit Ihrer Persönlichkeit bilden den Nerv, den zentralen Fokus. Mit Ihrem innersten Wesen, mit Ihrem Charakter stellen Sie den Brennpunkt dar, der zwangsweise Gewinnsteigerungen nach sich ziehen muss. NUR über Ihr Vorbild in den Punkten Herzensfreude, geklärtem Geist und Integrität erreichen Sie Ihre Ziele. Sie stellen die Lebensader dar – und genau dieses Thema wird in kleinen wie großen Betrieben gerne unterschätzt!

Ich weiß auch, dass man in Unternehmerkreisen eher die zertifizierten Methoden liebt, viel Papier, alles für den Kopf und den Verstand, der ja nur, wie ich einst lernen durfte, 7 % unseres Wesens ausmachen soll. Ich meine, es lohnt sich vielleicht, auch die restlichen 93 % einmal kennenzulernen. Evtl. erfahren Sie etwas über sich, was Sie bisher nicht wussten und können so besser erkennen, was Ihren Erfolg ausmacht bzw. warum er sich einfach noch nicht einstellen wollte. Was läuft nicht so, wie Sie es sich seit Jahren wünschen? Haben Sie sich vielleicht selbst Ihren Erfolg zerstört? Ich habe beobachtet, dass genau hier das Defizit der Kopf-Methoden liegt: Man gibt einen Haufen Geld aus für Weiterbildung in der Firma, aber sie brachte bisher nicht den erhofften Nutzen. Weil SIE als der Kern nicht genährt wurden, weil Sie als die Zelle, als die Quelle und der Ursprung Ihres Unternehmens, als das Atom sozusagen, nicht oder zu wenig gefüttert wurden.

Wie wächst ein Apfel? Zuerst bildet sich der Kern und das Fleisch wächst mit der Zeit um den Kern herum. Wenn der Kern nicht gesund ist, kann es kein Fleisch geben. Wenn mit dem Kern etwas nicht stimmt, verdörrt ein Unternehmen – und mit ihnen die Menschen.

Leider spürt man eingefahrene psychische Prägungen auch in Ihrer gehobenen Führungsposition.

Z. B. daran, ob Sie umsatzorientiert Ihre Mitarbeiter in den Burn-out treiben oder ob Sie Ihr Team profitorientiert zu führen in der Lage sind. Ob es Ihnen wichtig ist,

Menschen nach ihren Fähigkeiten einzusetzen und so dafür sorgen, dass Ihre Mitarbeiter ihren Job nicht nur mögen, sondern evtl. sogar eine Erfüllung in ihrer Arbeit finden. Wie ist es bei Ihnen selbst? Solange Sie selbst keine Erfüllung an Ihrem Arbeitsplatz, in Ihrer Position erleben, lade ich Sie ein, sich auf diese hier vorgestellten Maßnahmen einzulassen.

Wirkliches Wissen steht nicht auf einem Papier. Wirkliches Wissen liegt in Ihrer eigenen Persönlichkeit. Mit diesem Buch haben Sie einen praktischen Ansatz mit greifbaren Resultaten in der Hand. Ich selbst habe das alles auch aus der Praxis gelernt. Sie können nur gewinnen – Sie, Ihr Team und Ihr Unternehmen.

In einem meiner Seminare in Österreich traf ich auf eine junge Frau von 19 Jahren. Während sie ihre Stärken stärkte, kam heraus, dass sie fünf Sprachen fließend spricht, zwei davon waren chinesisch und russisch.

Jetzt stellen Sie sich vor, Sie hören solch schier unglaubliche Dinge von ihren Mitarbeitern – würden Sie nicht auch ins Staunen und in Bewunderung geraten, diesen evtl. ganz anders einsetzen, ihn vielleicht befördern oder seine Fähigkeiten noch gezielter Ihrem Unternehmen zunutze machen wollen?

The WORK of Byron Katie

Meine Möglichkeit Nr. 2

Auch diese „Arbeit" ist etwas ganz Wunderbares und die entsprechenden Bücher von Byron Katie und Moritz Boerner sind es ebenso. Ich kann nur wärmstens empfehlen, sie zu lesen.

Nur kurz: Katie nennt die von ihr selbst gefundene Methode „das Ende allen Leidens." Unsere geerbten Wertungen und ungeprüften Urteile sind, wie schon gesagt, lange Jahre mit uns transportierte Muster, verdrängt in unseren Schatten und zu Projektionen verleitend. Sie sagt: „Der Schmerz zeigt uns den Weg zur Wahrheit – es ist der Weg nach Hause", sie nennt ihre Methode auch „private Medizin". Sie macht uns klar, dass zuerst der Gedanke existiert und das Gefühl sich an den Gedanken haftet. Deshalb untersuchen wir unsere störenden Gedanken und meistens ist dann auch das damit verbundene unschöne Gefühl verschwunden.

Auch meine Erfahrung ist, dass „die Menschen dankbar sind, wenn sie diesen Weg gezeigt bekommen".

Ich setze THE WORK sehr gerne ein, um dem Leid und den seelischen Schmerzen in uns, die durch unsere Glaubenssätze sichtbar werden, zu begegnen. „Schatten macht krank. Die Begegnung mit dem Schatten heilt", so kann man bei Dethlefsen/Dahlke lesen. Ich möchte an dieser Stelle nur kurz von der Wirkung erzählen lassen und nicht THE WORK erklären.

Eine Schilderung von Uwe M.:

„Ein Arbeitskollege erzeugte allein durch sein Erscheinungsbild Aggressionen bei mir. Durch seine Leibesfülle, seine Art zu sprechen und schlechten Tischsitten konnte ich nur mit Widerwillen mit ihm kommunizieren. Allein die WORK bewirkte, dass ich ihm bereits am nächsten Tag völlig entspannt begegnen konnte und auch seine Reaktion auf mich war gelöst und freundlich. – Seit der Trennung von der Mutter meiner Kinder vor 16 Jahren war es mir unmöglich, ihr persönlich zu begegnen. Auch hier gelang es durch das WORKEN, dieses Unbehagen in Kürze aufzulösen, sodass das letzte Zusammentreffen mit ihr spannungsfrei von statten ging. Sogar ein längeres Gespräch am Tisch war möglich. Ich bin sehr überrascht von dieser Wirkung und konnte es anfangs gar nicht richtig begreifen.“

Ein weiterer Eindruck von Susanne R., die „stolz ist“, Folgendes hier erzählen zu dürfen: „Liebe Ulrike, nach der letzten WORK vor fünf Wochen hatte ich ein sensationelles Freiheitsgefühl, das ich bis dahin nicht kannte und das immer noch anhält! Das Schönste ist, dass ich mich fähig fühle, mich abzugrenzen, ein konkret spürbarer Zustand nach THE WORK, die du mit mir gemacht hast. Ich fühle diese große mentale Freiheit, die mich leicht, beschwingt begleitet und für die ich sehr dankbar bin! Die letzten fünf Wochen waren sowohl privat mit meinen Eltern als auch geschäftlich total erfolgreich! Ich bin überwältigt von der Wirkung, die hatte ich nicht erwartet und nicht geglaubt."

Ein paar Zitate von Katie: „Menschen, Partner, Kinder sind unsere Lehrer. Sie zeigen uns den Weg der Heilung, sie zeigen uns, was zu tun ist ... Wirklichen Wert hat nur, was wir selber finden ... Der Glaube, dass ein Mensch, eine Situation anders sein sollte, als es ist, das tut weh. Es ist, als würde der Hund Miau sagen und die Katze Wauwau."

Was geschieht, wenn wir WORKEN? Auch THE WORK ermöglicht den Blick tief in mein Innerstes hinein, wo ich am Grund meiner Seele die Antwort finden kann, die zu mir gehört. Nicht die Antwort der Eltern, Lehrer, Gesellschaft und Kulturen, nein, MEINE Antwort liegt dort. Als würde ich ein Lot fällen auf den Grund des Meeres, wo sie verschüttet war von Ängsten und Annahmen, überlagert von Sorgen und Nöten. THE WORK hilft uns, den alten Schutt wegzuräumen, die schweren Fesseln abzulegen und das gewohnte Übel beiseite zu schaffen, um den Zugang zum Grund der Seele freizulegen und so zu unseren eigenen Werten durchzudringen. Hell wird es dann und frei, wie Susanne es schilderte. Da unten am Grund liegt meine Berufung, dort liegen meine Stärken, Fähigkeiten und Talente, dort liegt mein

Erfolg, meine Freiheit, mein reines Sein. Wenn wir regelmäßig WORKEN, gibt es mit der Zeit mehr und mehr eine bisher nie gekannte Klarheit, eine Leichtigkeit im Kopf und im Körper und eine tatsächlich gefühlte, konkret wahrzunehmende innere Freiheit. Ich bin nun in der Lage, eine Wahl zu erkennen, wie ich (spontan) reagieren will, wie ich mich verhalten möchte. Ich kann wählen, Entscheidungen zu treffen und mich gut mit ihnen zu fühlen. Wählen zu können macht frei und weitet den Geist.

Außerdem erlange ich mit der Zeit die Fähigkeit, von mir abstrahieren zu können, ein wirklich phänomenales Geschenk. Ich erlebe, dass ich nichts mehr persönlich nehmen muss, kein NEIN, kein: „Du bist ein Depp ... ich kann dich nicht leiden ... ich muss dir absagen ... das ist ja gar nichts für mich ... und auch du solltest die Finger davon lassen ..." Und ich sage damit nicht, dass wir uns nicht immer mal wieder überprüfen sollten. Unsere uralten Prägungen und hinderlichen Verstrickungen ließen uns früher solche Angriffe als Todesurteil empfinden. Doch mit der Zeit lassen sie sich tatsächlich entzerren und lösen, wenn wir ernsthaft WORKEN. (Klingt abgedroschen, ich weiß – probieren Sie es aus!) Ich erlebe solche Attacken nicht mehr als Verletzung, denn ich habe gelernt, dass derjenige, der so etwas sagen muss, sich selbst als Depp outet.

Hierzu mein Paradebeispiel:

Ein Student, der sich nicht gut mit mir verstand, sagte vor Jahren einmal zu mir: „Sie sind eine blöde Kuh, Frau Martin!" Zum Glück war ich gerade gut drauf und habe ihm geantwortet: „Da haben Sie völlig recht, wenn ich so wäre wie Sie, würde ich auch so denken!"

Hätte er gesagt: „Ich habe ein Problem, können wir das bitte mal besprechen?", hätte ich ganz sicher geantwortet: „Oje, das tut mir Leid, natürlich, worum geht es denn?"

Diese Sätze haben mir bisher sehr geholfen:

1. Wenn ich so wäre wie du, würde ich auch so denken – sprechen – handeln ...

2. Ich kann nur das sein, was du von mir denkst, bzw. die Sache kann nur das sein, was Sie davon denken/ halten.

Diese Sätze mögen unverschämt klingen – man muss sie ja nicht aussprechen, es genügt diese klare Haltung!

Boris Grundl schreibt dazu: „Der Ursprung unserer Bewertungssucht liegt in unserer eigenen Unsicherheit. Es bedarf einer gewissen Stärke, den anderen so zu akzeptieren, wie er ist. Das kann nur jemand, der selbst in sich ruht."

Mein Kompliment im Spiegel

Erinnern Sie sich an den Spruch aus Kindertagen: „Was man sagt, ist man selber!"? Mit einer gewissen Genugtuung, vielleicht gemischt mit Schadenfreude, haben wir diese altkluge Ermahnung zu unserem eigenen Schutz immer mal wieder mehr oder weniger singend ausgerufen!

Ständig kommunizieren wir mit uns selbst: „Wie spreche ich mit mir?" (Boris Grundl).

Auch das Gesetz der Resonanz erklärt, dass ich mit allem, was ich zu anderen Menschen sage bzw. über sie erzähle, auch mich selbst meine.

In THE WORK lernen wir das Thema der Umkehrung. Nachdem wir den Prozess der vier Fragen durchschritten haben, bedeutet die Umkehrung sozusagen „das Klopfen der Hand Gottes auf unserer Schulter", wie es Moritz Boerner so schön lehrt. Der ursprüngliche Glaubenssatz, mit dem ich mich über meinen Nachbarn beschwert habe, wird umgedreht. Wenn meine Beschwerde z. B. heißt: „Mein Nachbar ist immer so laut ... Er versteht mich nicht ... Er benimmt sich schlecht ...", dann lädt mich die Umkehrung zum Blick in den Spiegel ein. Ich tausche die Pronomina aus und lasse den Satz mit ICH beginnen:

„Ich bin immer so laut ... Ich verstehe ihn nicht ... Ich benehme mich schlecht ..." usw.

Autsch! Da sperrt sich jetzt aber alles in mir und ich spüre spontan meine Abwehrreaktion: „Nee, nee, ich doch nicht!" Eine sehr verständliche Reaktion. Bitte gehen Sie tief in sich, nehmen Sie sich diese zwei Minuten, fällen Sie das Lot auf den Meeresboden, auf den Grund Ihrer Seele, denn dort liegt auch diese Antwort! Ganz sicher werden Sie sie dort finden.

Wir sind keine Engel, jedenfalls nicht in diesem Sinne! Wer wirft den ersten Stein?

Allmählich dämmert es mir dann, dass auch ich tatsächlich schon einmal laut war und andere Menschen gestört habe, auch ich kann (oder will) jemanden nicht verstehen und auch ich habe mich schon mal schlecht benommen. Es geht hier nämlich gar nicht um den Nachbarn, es geht um mich. „Was man sagt, ist man selber!"

Ich kann bei einem anderen Menschen nur die Eigenschaften wahrnehmen und feststellen, die ich selbst in mir trage. Wenn Sie also der Meinung sind: „Der Herr Sowieso ist klasse!", dann haben Sie selbst eine Seite in sich, die klasse ist. Wenn Sie bemerken: „Die Frau XY ist ja komplett daneben", dann haben Sie selbst eine Seite in sich, die komplett daneben ist, sonst könnten Sie diese Feststellung nicht tätigen. Manchmal mag es ein bisschen dauern, bis wir diesen Schatten auch in uns selbst erinnern und ihn dann bewusst annehmen.

Wir sind in Resonanz mit Menschen und Situationen, die uns zeigen, wo unsere Glaubenssätze stecken! Sie halten uns den Spiegel vor. Nur befindet sich ein jeder in einer anderen Resonanz und hat folglich mit der Zeit andere Glaubenssätze entwickelt.

Ein Beispiel dazu: Jemand macht das Kompliment: „Du siehst ja heute richtig chic aus!" – „Oh, danke, freut mich, wenn dir mein Kleid gefällt."

Fünf Minuten später sagt ein anderer: „Unmöglich, wie du heute aussiehst, so kannst du aber wirklich nicht aus dem Haus gehen!"

Tja, wer hat nun Recht? Das ist eine interessante Frage. Ich denke, beide haben Recht! Beide schauen durch ihren persönlichen Filter, ihre eigene Brille AUFGRUND ihrer eigenen persönlichen Vergangenheit.

Und ich sage: „Danke, dass du mir das mitteilst!"

Für MICH zählt nur, dass ich mich in meiner Haut und mit meinem Outfit wohl fühle.

Ich kenne Menschen, die den ganzen Tag über ihre Mitmenschen herziehen, selten freundlich, anerkennend oder wohlgesinnt, meistens lästernd und fauchend. Sie unterstellen den Politikern das Schlimmste, den Kollegen auch, sie fluchen über die Nachbarn, sie mischen sich gedanklich voll in das Leben fremder Leute ein und wissen natürlich alles besser, völlig klar! Was sie wohl nicht wissen, ist, dass sie den ganzen Tag über sich selbst schimpfen und wettern, so wie es meine Eltern damals taten. Heute finde ich das interessant, denn nun weiß ich, wie diese Zeitgenossen ticken und lerne ihre Charaktere kennen – sie haben uns ja bereits alles verraten.

Hören Sie also gut hin! Sie erfahren sehr viele Dinge über diesen Typ Mensch, der es so sehr braucht, den lieben langen Tag zu werten, zu urteilen, zu verurteilen, zu tadeln und zu verdächtigen. Und natürlich steht Ihnen die Freiheit zu, sich irgendwann von dieser Energie abzuwenden, denn es kann sein, dass sie Ihnen nicht gut tut.

Was möchte ich damit sagen?

Bitte spüren Sie einmal: Wie fühlt es sich an, Komplimente zu bekommen? Also ehrliche Komplimente und ernst gemeinte Feedbacks, keine Schleimereien. Schließen Sie kurz Ihre Augen und spüren Sie dieses Gefühl!

Und? Ist es erhebend, tut es gut? Blühen Sie auf, wenn Sie mit Anerkennung und Wertschätzung bedacht werden? Fühlen Sie sich in Ihrer Persönlichkeit gestärkt und in ihrem Sein bestätigt? Ja natürlich. Bitte nehmen Sie das Lob dankend an und schmälern Sie es nicht mehr mit Antworten wie: „Och, war ganz billig ... ist schon uralt ... naja, alles nicht so wild ..." usw.

Und nun die andere Seite: Wie fühlt es sich an, Komplimente zu GEBEN? Gut? Macht das Spaß? Genau, so ist auch meine Erfahrung. Ich meine sogar, dass diese Energie eine stärkere ist als die des Annehmens.

Geben ist Freude, Geben macht auch uns glücklich und fröhlich und wir fühlen uns groß, warmherzig und selbstbewusst. Geben weitet das Herz und macht uns innerlich frei und klar, zumindest erlebe ich das so: „Was man sagt, ist man selber!"

Darum möchte ich Sie ermuntern: Machen Sie sich selbst die Freude und geben Sie ab jetzt nur noch positive Feedbacks und aufbauende Komplimente, versprühen Sie Ihre Herzenswärme, gönnen Sie sich und anderen Menschen Ihr Lob und Ihren Zuspruch.

Entscheiden Sie sich in diesem Moment, dass Sie ab sofort NUR noch freundlich und wohlwollend, großzügig und liebenswürdig mit und über andere Menschen und Situationen sprechen – UND DENKEN! Und ich sage nicht, dass das immer leicht ist. Aber ich empfehle Ihnen dringend diese wichtige Übung, denn sie bedeutet Achtung und Respekt, eben auch sich selbst gegenüber, sie bedeutet das Wachsen der eigenen Persönlichkeit und spendet Frieden und Liebe.

Meine kleine 10-jährige Freundin klärte mich kürzlich über die Folgen auf, wenn man sein früheres (negatives) Verhalten in diesem Punkt nicht ändert: „Was man sagt, ist man selber, lachen alle Kälber. Und wenn du nicht die Klappe hältst, dann kriegst du auch kein Taschengeld!"

Das sitzt! Taschengeld als Folge von ... KEIN „Taschengeld" als Folge von ... Kein Wohlstand, keine Freunde, kein schönes Leben ... Ziele erreichen als Folge von ... Innerlich frei sein als Folge von ... Klappe halten – was für eine Weisheit!

Bitte erinnern Sie sich auch noch einmal an die Aussage, dass Gedanken chemische Reaktionen in unserem Zellsystem auslösen und wir auch aus diesem Grunde sehr diszipliniert mit unserem Gedankengut umgehen sollten.

Damit wir uns richtig verstehen: Über Missstände ernsthaft zu reflektieren, offen und bewusst die Dinge zu benennen, die Ihnen nicht gefallen, ist ein anderer Prozess. Dieser findet auf der kritischen und nüchternen Ebene statt und ist nötig, notwendig und richtig.

Wenn Sie mit dem Kollegen etwas zu klären haben, weil er Sie schlecht behandelt, dann übernehmen Sie Verantwortung und besprechen dieses Thema. Das hat nichts mit „negativem oder positivem Denken" zu tun, sondern es ist Ihre Pflicht, für sich selbst gut zu sorgen –

und das ist positiv! Mit Lebenspartnern, Kindern, Chefs etc. müssen zuweilen schwierige, sachliche Gespräche geführt werden, das ist keine Frage. Und je mehr Sie sich Ihres Selbst-Wertes bewusst sind, je klarer Sie um Ihre inneren Schätze wissen, je stärker Ihr Glaube an sich selbst mit der Zeit geworden ist, umso leichter werden Ihnen solche Gespräche fallen. Man wird auf Sie hören und man wird Sie ernst nehmen.

Wenn ich wie oben von Glaubensmustern spreche, meine ich die meistens unbewussten, unreflektierten (und ungut wirkenden) Denk- und Sprechgewohnheiten, die wir ändern können und meiner Meinung nach auch sollten, besonders dann, wenn wir mit der bisherigen Erreichung unserer Lebensziele nicht zufrieden sind.

Machen Sie diese lustvolle Übung so lange, bis sie zur Selbstverständlichkeit geworden ist. Gewöhnen Sie sich diese Art der zustimmenden und aufbauenden Kommunikation an und schauen Sie, wohin sie Sie trägt.

Meine Erfahrung zeigt, dass wir unsere Glaubenssätze auch auf diese Weise beherrschen lernen und wir auch durch dieses Tun eine Wandlung der Paradigmen aktiv und kraftvoll in Bewegung setzen.

Ermutigung und Versöhnung

Es war einmal eine Illusion von Vergangenheit, Ohnmacht und Nebel, von der wir einstmals dachten, sie wollte uns im Dunkeln lassen. Es war einmal ein Bündel an Glaubenssätzen, von denen wir einstmals dachten, sie wollten uns verwundbar machen.

„Es ist nie zu spät, eine glückliche Kindheit gehabt zu haben." (Boris Grundl)

Glaubenssätze sind großartig, ich liebe sie wirklich! Sie sind ein Segen und eine Riesenchance, wenn wir diese Chance wirklich greifen! Sie heben uns hinauf, wir MÜSSEN an ihnen arbeiten, wenn wir vorankommen wollen. Sie sind die Einladung, die nächste Stufe der Bewusstseinsleiter zu erklettern und einen elementaren Schritt weiterzugehen in Richtung Licht und Klarheit. Damals schützten sie uns vor Schlimmerem, sie haben uns gerettet vor noch mehr Unannehmlichkeiten, sie waren unser Überleben, wenn wir bedenken, dass wir als Kind keine Wahl hatten. Sie bewirkten damals unsere Vorsicht und Achtsamkeit und gaben uns die grandiose Möglichkeit, unser Ureigenstes kennen zu lernen. Über den Kampf mit unseren Denksystemen durften wir nun frei werden. Jetzt lassen sie uns authentisch und einzigartig erscheinen, jetzt befähigen sie uns, den Kern unserer Persönlichkeit herauszuschälen. Sie lehren die Liebe zu mir selbst und zu den anderen Menschen.

Ein Glaubenssatz ist nur so lange ein Unglück, bis wir ihn bewusst erkannt und bearbeitet haben und er sich in uns gewandelt hat. Jetzt ist er zu unserem Glück geworden – und auf diesem Weg haben wir so viel gelernt, gelitten, geweint, von Herzen gelacht und zusammen bewegende Prozesse durchlebt. Eugen Roth beschreibt es so: „Ein Mensch schaut in die Zeit zurück und sieht, sein Unglück war sein Glück."

Unsere alten Überzeugungen und ehemaligen Erfolgszerstörer – sie sind unsere Geliebten, sie sind ein Geschenk. Wir wurden ehrlich, gewannen innere Klarheit und Zufriedenheit und haben aus der gedanklichen Hölle heraus nun unseren „Lebenssprit" gefunden.

Wir brauchen uns nun nicht mehr zu verteidigen, sondern nur noch zuzuhören und DANKE zu sagen.

Jetzt können wir mit unseren Denkmustern in den DIALOG treten, ein Zeichen dafür, dass wir es echt geschafft haben! Wir können rufen: „Hey, Glaubenssatz, ich liebe dich, da bist du ja wieder, wie gut, dass du mich an mein Thema erinnerst, dann kann ich ja gleich noch mal rangehen! ... Danke, dass es dich gibt, du hast mich so viel gelehrt ... ich danke dir für deine Treue, deine Nähe, dass du immer noch bei mir bist und für mich sorgst ... ich darf immer weiter an mir wachsen und reifen, das fühlt sich so kraftvoll an!"

Oder Sie sagen: „Ja, komm nur her, lass uns kämpfen und die Messer wetzen, das macht Spaß und bringt Power! Yeah!!! Wer ist die Stärkere im ganzen Land? Ich werde dich besiegen! ... Hallo Kobold, du hast mich lange genug beschützt und jetzt gehe ich ohne dich, ich brauche dich nicht mehr. ... Was, Geld stinkt, sagst du? Hahaha! Dann riech doch mal dran! ... Du meinst, nur wenn ich hart arbeite, geht es mir gut? Na dann schau doch mal her: Ich lese am helllichten Tage ein schönes Buch und fühl mich auch noch gut dabei! ... Wohlstand macht träge? Pfh, stimmt nicht! Ich bin so reich und liebe es, trotzdem fleißig zu sein!"

Oder Sie schreien: „Halt die Klappe und lass mich in Ruhe!"

Oder Sie flirten: „Komm, lass uns spielen!"

Es brauchte diese grausigen Hürden, damit wir unsere Freiheit entdecken, damit wir sie erobern konnten und nun ausleben können, ganz aktiv und voll bewusst. Es brauchte diese fiesen Stacheln, sonst hätten wir diese Freiheiten nicht finden und nicht fühlen können.

Es brauchte diese dunklen Schranken, damit wir unsere Leichtigkeit und Lockerheit kennen lernen konnten. Es brauchte unbedingt diese engen Grenzen, damit wir all das wunderbare Neue vom „Grunde des Meeres" hinauf ans Licht holen, zum Leuchten bringen und überhaupt aushalten lernen konnten! Jetzt fühlen wir Freude, wenn wir „allzu sehr beobachtet werden", denn jetzt können wir unser eigenes Licht und alles, was uns so stark sein lässt, genießen.

Dies sind für mich die echten und wirklichen Veränderungen, die nun ganz natürlich Fröhlichkeit und Freude, Zufriedenheit und Gleichmut möglich machen.

Und vielleicht wollen wir nun auch unseren Eltern und Lehrern, der Gesellschaft und den Kulturen (innerlich) die Hand reichen und ihre Verhaltensmuster, ihre Glaubenssysteme achten und mit ihnen in den Frieden gehen. Vielleicht können wir fühlen, dass diese Geste auch unserem eigenen Frieden dient und ein Teil unseres Glückes bedeutet.

Am Ende dieses Büchleins möchte ich die Worte von Marianne Williamson zitieren, die Nelson Mandela bei seiner Antrittsrede 1994 nach 27 Jahren Haft gesprochen hat.

Mögen sie uns aussöhnen mit unserer früheren Geschichte, unseren alten Paradigmen und einstigen Glaubenssätzen.

„Unsere tief greifendste Angst ist nicht, dass wir ungenügend sind.

Unsere tief greifendste Angst ist, über das Messbare hinaus kraftvoll zu sein.
Es ist unser Licht, nicht unsere Dunkelheit, das uns erschreckt.
Wir fragen uns, wer bin ich, mich brillant, großartig, talentiert, fantastisch zu nennen?
Aber wer bist DU, Dich nicht so zu nennen?
Du bist ein Kind Gottes.
Dich selbst klein zu halten, dient nicht der Welt.
Es ist nichts Erleuchtendes daran, sich klein zu machen, dass andere um Dich herum sich nicht sicher fühlen.
Wir alle sind bestimmt, zu leuchten, wie es Kinder tun.
Wir sind geboren worden, um den Glanz Gottes, der in uns ist, zu manifestieren.
Und wenn wir unser eigenes Licht erscheinen lassen, geben wir unbewusst auch anderen Menschen die Erlaubnis, dasselbe zu tun.
Wenn wir von unserer eigenen Angst befreit sind, befreit unsere Gegenwart automatisch andere."

Ich wünsche Ihnen von Herzen alles Liebe und Gute auf Ihrem Weg in Ihre ganz persönliche Freiheit!

Ihre Ulrike Martin

Literatur

Boris Grundl: Steh auf!, Berlin 2008

Byron Katie: Lieben, was ist, New York 2002

Moritz Boerner: The WORK, München 1999

Eva und Wolfram Zurhorst: Liebe Dich selbst, auch wenn du deinen Job verlierst, München 2009

Marianne Williamson: Rückkehr zur Liebe, Goldmann 1993

Thorwald Dethlefsen/Rüdiger Dahlke, Krankheit als Weg, München 1983

Gipfelstürmer-Institut: Der Weg ins Glück – Das Gesetz der Anziehung, Februar 2011